# Easy Steps to CHINESE

**1**

WORKBOOK

轻松学中文

*SIMPLIFIED CHARACTERS VERSION*

Yamin Ma
Xinying Li

北京语言大学出版社
BEIJING LANGUAGE AND CULTURE
UNIVERSITY PRESS

**图书在版编目（CIP）数据**

轻松学中文.练习册.第1册：马亚敏，李欣颖编著
－北京：北京语言大学出版社，2013重印
ISBN 978－7－5619－1651－3

Ⅰ.轻... Ⅱ.①马...②李... Ⅲ.汉语－对外汉语教学
－教材 Ⅳ.H195.4

中国版本图书馆 CIP 数据核字(2006)第 060198 号

| | |
|---|---|
| 书　　名 | 轻松学中文.练习册.第1册 |
| 责任编辑 | 张　健　苗　强　王亚莉 |
| 美术策划 | 王　宇 |
| 封面设计 | 王　宇　王章定 |
| 版式设计 | 娄　禹　张　穹 |
| 责任印制 | 汪学发 |

出版发行　北京语言大学出版社
社　　址　北京市海淀区学院路15号　邮政编码：100083
网　　址　www.blcup.com

电　　话　编辑部 010－8230 3647
　　　　　发行部 010－8230 3650/3591/3651/3080
　　　　　读者服务部 010－8230 3653/3908
网上订购　010－8230 3668　service@blcup.com
印　　刷　北京联兴盛业印刷股份有限公司
经　　销　全国新华书店

版　　次　2006年7月第1版　2013年3月第11次印刷
开　　本　889mm × 1194mm　1/16　印张：11.75
字　　数　175千字
书　　号　ISBN 978－7－5619－1651－3/H·06099
　　　　　06800

©2006 北京语言大学出版社

*Easy Steps to Chinese* (Workbook 1)
Yamin Ma, Xinying Li

| | |
|---|---|
| Editor | Jian Zhang, Qiang Miao, Yali Wang |
| Art design | Arthur Y. Wang |
| Cover design | Arthur Y. Wang, Zhangding Wang |
| Graphic design | Yu Lou, Qiong Zhang |

Published by
Beijing Language & Culture University Press
No.15 Xueyuan Road, Haidian District, Beijing, China 100083

Distributed by
Beijing Language & Culture University Press
No.15 Xueyuan Road, Haidian District, Beijing, China 100083

First published in July 2006

Printed in China

Website: www.blcup.com

# ACKNOWLEDGEMENTS

**A number of people have helped us to put the books into publication. Particular thanks are owed to the following:**

- 戚德祥先生、张健女士 who trusted our expertise in the field of Chinese language teaching and learning

- Editors 张健女士、苗强先生、王亚莉女士 for their meticulous work

- Graphic designers 娄禹先生、王章定先生、张穹小姐 for their artistic design

- Art consultant Arthur Y. Wang and artists 陆颖、顾海燕、龚华伟、王净 for their artistic ability in the illustrations

- Edward Qiu who assisted the authors with the sound recording

- And finally, members of our families who have always given us generous support.

# CONTENTS 目录

**1** Copy the basic strokes.

| | | | | | | | |
|---|---|---|---|---|---|---|---|
| ` diǎn | 、 | 、 | 、 | 、 | | | |
| héng | 一 | 一 | 一 | 一 | | | |
| shù | 丨 | 丨 | 丨 | 丨 | | | |
| piě | 丿 | 丿 | 丿 | 丿 | | | |
| nà | ㇏ | ㇏ | ㇏ | ㇏ | | | |
| tí | ㇀ | ㇀ | ㇀ | ㇀ | | | |

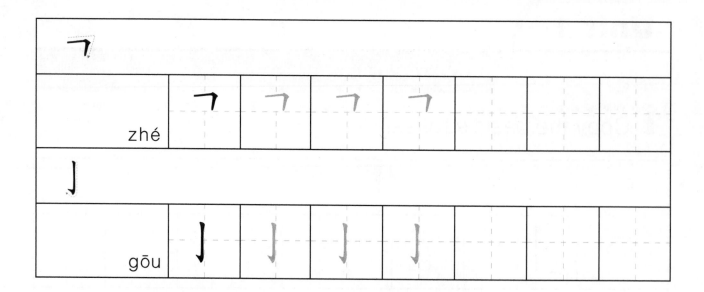

## 2 Write the strokes.

1.
diǎn

2.
nà

3.
piě

4.
zhé

5.
héng

6.
shù

7.
gōu

8.
tí

## 3 Name the highlighted strokes.

1.  zhé

2.  ___

3.  ___

4.  ___

5. 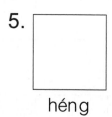 ___

6. 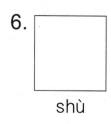 ___

7. 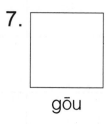 ___

8. 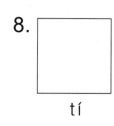 ___

**4** Copy the extra strokes.

| | フ | フ | フ | フ | | | |
|---|---|---|---|---|---|---|---|

| | L | L | L | L | | | |
|---|---|---|---|---|---|---|---|

| | レ | レ | レ | レ | | | |
|---|---|---|---|---|---|---|---|

| | く | く | く | く | | | |
|---|---|---|---|---|---|---|---|

| | ) | ) | ) | ) | | | |
|---|---|---|---|---|---|---|---|

| | ∠ | ∠ | ∠ | ∠ | | | |
|---|---|---|---|---|---|---|---|

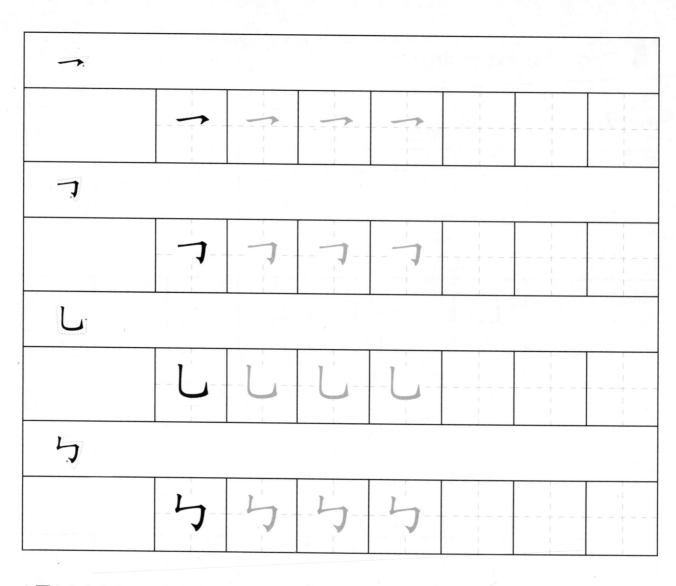

**5** Write over the strokes given in the box.

1. 又
2. 亡
3. 衣

4. 女
5. 子
6. 台

7. 买
8. 巾
9. 毛
10. 马

**Extra Strokes**

4

## 6 Add a tonal mark to the pinyin.

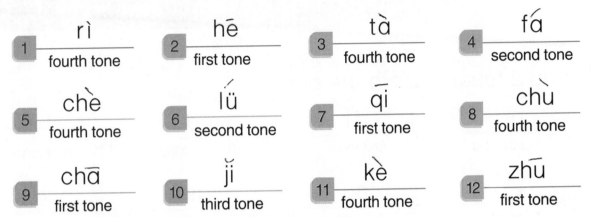

1. rì — fourth tone
2. hē — first tone
3. tà — fourth tone
4. fá — second tone
5. chè — fourth tone
6. lǘ — second tone
7. qī — first tone
8. chù — fourth tone
9. chā — first tone
10. jǐ — third tone
11. kè — fourth tone
12. zhū — first tone

## 7 Find the stroke and write it over.

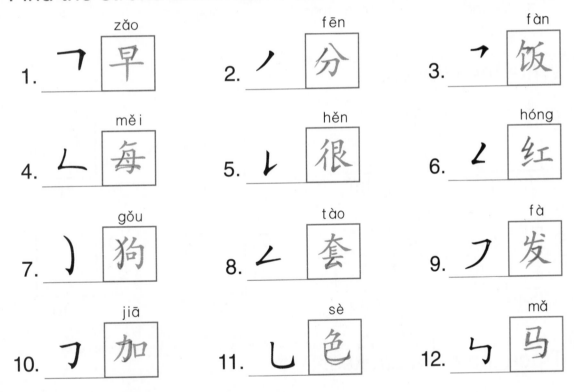

1. ⊃ 早 zǎo
2. ノ 分 fēn
3. ↗ 饭 fàn
4. ㄥ 每 měi
5. ↘ 很 hěn
6. ㄥ 红 hóng
7. ) 狗 gǒu
8. ㄥ 套 tào
9. ㄱ 发 fà
10. ㄱ 加 jiā
11. ㄥ 色 sè
12. ㄣ 马 mǎ

## 8 Write the strokes.

| 一 | | | | | | | |
|---|---|---|---|---|---|---|---|
| héng | diǎn | shù | gōu | piě | zhé | nà | tí |

5

**1** Add a tonal mark to the pinyin.

| | | | |
|---|---|---|---|
| 1 bà — fourth tone | 2 dī — first tone | 3 mó — second tone | 4 fǔ — third tone |
| 5 zǐ — third tone | 6 nǚ — third tone | 7 gē — first tone | 8 xú — second tone |
| 9 zhì — fourth tone | 10 chá — second tone | 11 shū — first tone | 12 rè — fourth tone |

**2** Write the strokes.

1. ☐ héng

2. ☐ shù

3. ☐ diǎn

4. ☐ tí

5. ☐ zhé

6. ☐ gōu

7. ☐ piě

8. ☐ nà

**3** Trace the extra strokes.

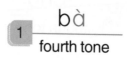

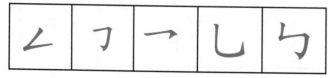

## 4 Copy the new words of Text 2.

| | | | | | | | |
|---|---|---|---|---|---|---|---|
| 一 | | | | | | | |
| yī<br>one | 一 | 一 | 一 | 一 | 一 | 一 | 一 |
| 一 二 | | | | | | | |
| èr<br>two | 二 | 二 | 二 | 二 | 二 | 二 | 二 |
| 一 二 三 | | | | | | | |
| sān<br>three | 三 | 三 | 三 | 三 | 三 | 三 | 三 |
| 丨 冂 冂 四 四 | | | | | | | |
| sì<br>four | 四 | 四 | 四 | 四 | 四 | 四 | 四 |
| 一 丆 五 五 | | | | | | | |
| wǔ<br>five | 五 | 五 | 五 | 五 | 五 | 五 | 五 |
| 丶 亠 六 六 | | | | | | | |
| liù<br>six | 六 | 六 | 六 | 六 | 六 | 六 | 六 |

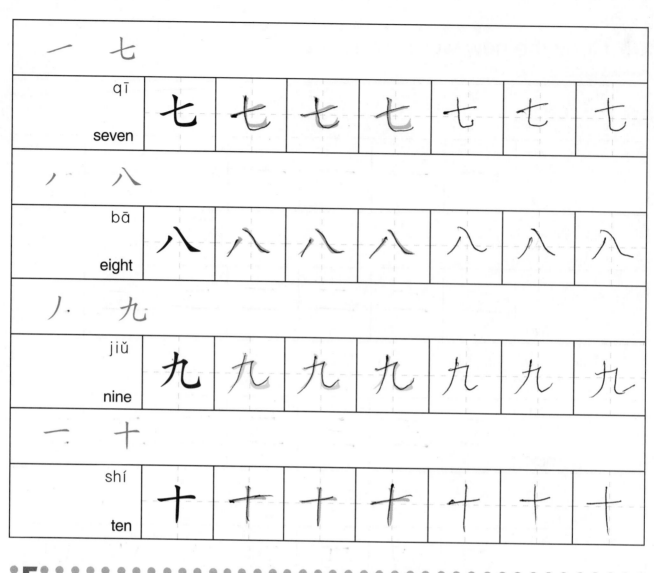

| 一 七 | | | | | | | |
|---|---|---|---|---|---|---|---|
| qī<br>seven | 七 | 七 | 七 | 七 | 七 | 七 | 七 |
| 丿 八 | | | | | | | |
| bā<br>eight | 八 | 八 | 八 | 八 | 八 | 八 | 八 |
| 丿 九 | | | | | | | |
| jiǔ<br>nine | 九 | 九 | 九 | 九 | 九 | 九 | 九 |
| 一 十 | | | | | | | |
| shí<br>ten | 十 | 十 | 十 | 十 | 十 | 十 | 十 |

**5** Number the strokes in order of sequence.

1

2 夕

3 山

4 火

5 王

6 大

7 车

8 止

**6** Count the strokes of each character.

1. 你 nǐ 7
2. 好 hǎo 6
3. 叫 jiào 5
4. 什 shén 4
5. 么 me 3
6. 名 míng 6
7. 字 zì 6
8. 月 yuè 4

**7** Write from one-stroke character to ten-stroke character.

| yī 一 | mù 目 | méi 没 | mā 妈 | bà 爸 |
| dú 独 | dà 大 | wáng 王 | shuí 谁 | rén 人 |

| 一 | 人 | 大 | 王 | 目 | 妈 | 没 | 爸 | 独 | 谁 |
| ① | ② | ③ | ④ | ⑤ | ⑥ | ⑦ | ⑧ | ⑨ | ⑩ |

**8** Write the pinyin for each number.

1. 二 èr
2. 四 sì
3. 七 qī
4. 五 wǔ
5. 八 bā
6. 十 shí
7. 三 sān
8. 六 liù
9. 一 yī
10. 九 jiǔ

9

# 9 Add a tonal mark to the pinyin.

1. pó — second tone
2. mǐ — third tone
3. lè — fourth tone
4. kě — third tone
5. nǎ — third tone
6. zhè — fourth tone
7. shǎ — third tone
8. cā — first tone
9. bǎo — third tone
10. nuó — second tone
11. ròu — fourth tone
12. niú — second tone
13. zhuì — fourth tone
14. chǎng — third tone
15. shǒu — third tone
16. róng — second tone

# 10 Write the Chinese numbers.

1. 三
2. 七
3. 五
4. 二
5. 六
6. 九
7. 十
8. 八
9. 四

**●11** Write the numbers according to the patterns.

1. yī èr 一 二 三 四 五 六 qī 七

2. èr sì 二 四 六 八 十 十二 shí sì 十四

3. sān wǔ 三 五 七 九 十一 十三 shí wǔ 十五

4. shí sān shí liù 十三 十六 _____ _____ èr shí wǔ 二十五

5. èr shí èr èr shí liù 二十二 二十六 _____ _____ sān shí bā 三十八

**●12** Put the tonal marks on the right positions.

1. mìu    miù    2. hŭi    huǐ    3. zhaŏ    zhǎo

4. xíong    xióng    5. nońg    nóng    6. maǐ    mǎi

7. lùan    luàn    8. jĭu    jiǔ    9. lìang    liàng

10. goŭ    gǒu    11. zùo    zuò    12. rùi    ruì

11

## Lesson 3    Greetings  问候

**1** Copy the new words of Text 1.

| ノ イ イ′ 个 亻 你 你 您 您 您 | | | | | | |
|---|---|---|---|---|---|---|
| **nín**<br>you (respectfully) | 您 | 您 | 您 | 您 | 您 | 您 |

| く 女 女 女′ 好 好 | | | | | | |
|---|---|---|---|---|---|---|
| **hǎo**<br>good; well | 好 | 好 | 好 | 好 | 好 | 好 |

| ノ イ イ′ 亻 你 你 你 | | | | | | |
|---|---|---|---|---|---|---|
| **nǐ**<br>you | 你 | 你 | 你 | 你 | 你 | 你 |

| 一 厂 厂 币 币 再 | | | | | | |
|---|---|---|---|---|---|---|
| **zài**<br>again | 再 | 再 | 再 | 再 | 再 | 再 |

| l 冂 贝 见 | | | | | | |
|---|---|---|---|---|---|---|
| **jiàn**<br>see | 见 | 见 | 见 | 见 | 见 | 见 |

## 2 Write the strokes.

1. `丶`
diǎn

2.
héng

3.
piě

4.
gōu

5.
shù

6.
nà

7.
tí

8.
zhé

## 3 Write the pinyin for each number.

1. yī 一

2. bābā 八

3. shí 十

4. èr 二

5. wǔ 五

6. sān 三

7. liù 六

8. jiǔ 九

9. sì 四

10. qī 七

## 4 Correct the mistakes of the pinyin.

1. mǐ  nǐ  你

2. hǎǒ  hǎo  好

3. nǐn  nín  您

4. zaì  zài  再

5. jìan  jiàn  见

## 5 Write the Chinese numbers.

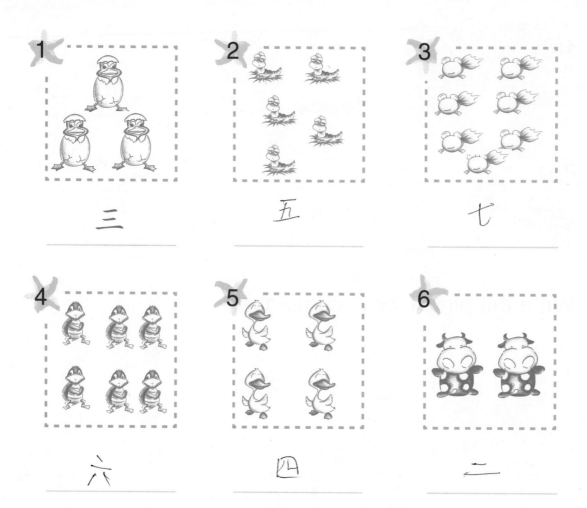

1  三

2  五

3  七

4  六

5  四

6  二

## 6 Add a tonal mark to the pinyin.

1  jiǎo
third tone

2  míng
second tone

3  xiǎo
third tone

4  dà
fourth tone

5  wǒ
third tone

6  yuè
fourth tone

7  zì
fourth tone

8  yī
first tone

9  sān
first tone

10  jiǔ
third tone

11  wǔ
third tone

12  liú
fourth tone

**7** Write the dialogues in the bubbles.

**8** Count the strokes of each character.

| jiǔ | wǔ | nǐ | liù |
|---|---|---|---|
| 1. 九 _2_ | 2. 五 ___ | 3. 你 ___ | 4. 六 ___ |

| nín | zài | hǎo | jiàn |
|---|---|---|---|
| 5. 您 ___ | 6. 再 ___ | 7. 好 ___ | 8. 见 ___ |

## 9 Copy the new words of Text 2.

| 丨 冂 口 口 叫 叫 | | | | | | |
|---|---|---|---|---|---|---|
| jiào<br><br>call | 叫 | 叫 | 叫 | 叫 | 叫 | 叫 |

| ノ 亻 仁 什 ノ 么 么 | | | | | | |
|---|---|---|---|---|---|---|
| shénme<br><br>what | 什 么 | 什 么 | 什 么 | | | |

| ノ ク タ タ 名 名 | | | | | | |
|---|---|---|---|---|---|---|
| míng<br><br>name | 名 | 名 | 名 | 名 | 名 | 名 | 名 |

| 丶 丶 宀 宀 宁 字 | | | | | | |
|---|---|---|---|---|---|---|
| zì<br><br>character; word | 字 | 字 | 字 | 字 | 字 | 字 | 字 |

| 丿 一 二 千 手 我 我 我 | | | | | | |
|---|---|---|---|---|---|---|
| wǒ<br><br>I; me | 我 | 我 | 我 | 我 | 我 | 我 | 我 |

| 亅 小 小 | | | | | | |
|---|---|---|---|---|---|---|
| xiǎo<br><br>small | 小 | 小 | 小 | 小 | 小 | 小 | 小 |

丿 几 月 月

| yuè<br>moon; month | 月 | 月 | 月 | 月 | 月 | 月 | 月 |

一 ナ 大

| dà<br>big | 大 | 大 | 大 | 大 | 大 | 大 | 大 |

丿 ー ヒ 牛 生

| shēng<br>be born; student | 生 | 生 | 生 | 生 | 生 | 生 | 生 |

**10** Fill in the blanks with missing numbers.

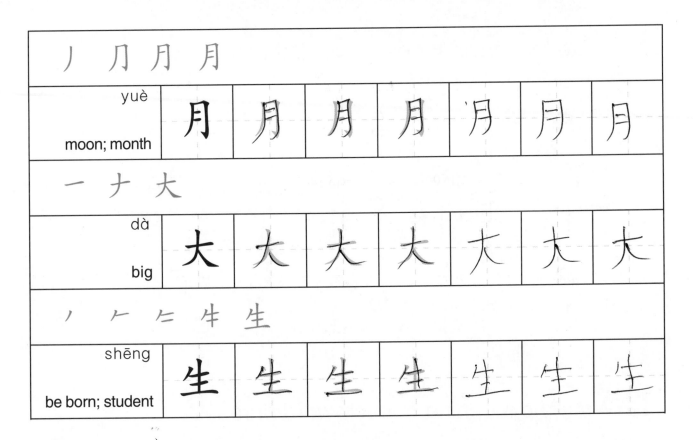

| 一 | 二 | 三 | 四 | 五 |
| 四 |
| 五 |

| 四 | 五 | 六 | 七 | 八 | 九 | 十 |

**11** Write the pinyin for each word/phrase.

1. zài jiàn
再 见

2. nǐ hǎo
你 好

3. shén me
什 么

4. wǒ
我

5. jiào
叫

6. xiǎo
小

7. míng zì
名 字

8. dà
大

9. yuè
月

10. shēng
生

11. qī
七

**12** Write the meaning of each word/phrase.

1. shén me  什么 ___what___

2. míng zi  名字 ___name___

3. yuè  月 ___month___

4. nǐ hǎo  你好 ___hello___

5. zài jiàn  再见 ___goodbye___

6. xiǎo  小 ___small___

**13** Write over the strokes as required.

1. xiǎo  小  diǎn

2. shēng  生  héng

3. jiào  叫  shù

4. jiàn  见  piě

5. wǒ  我  gōu

6. wǔ  五  zhé

7. bā  八  nà

8. xí  习  tí

18

## 14 Group the characters.

1  3 strokes:  小  么

2  4 strokes:  月  什

3  5 strokes:  叫  生

4  6 strokes:  名  字

5  7 strokes:  你  我

| wǒ 我 | jiào 叫 |
| xiǎo 小 | yuè 月 |
| me 么 | shēng 生 |
| nǐ 你 | míng 名 |
| zì 字 | shén 什 |

## 15 Write the question in the bubble.

什么名字？

我叫小月。

Hello Teacher

19

# Unit 1  Revision

**1** Vowels:  a o e i u ü

**2** Consonants:  b p m f , d t n l ,
g k h , j q x ,
z c s , zh ch sh r , y w

**3** Diphthongs:  ai ei ui ao ou iu ie üe er
Others:  an en in un ün
ang eng ing ong

**4** The four tones:  ‾ ´ ˇ `

**5** Basic strokes:  丶 一 丨 丿 乀 ノ 乛 亅

**6** Numbers:
yī  èr  sān  sì  wǔ  liù  qī  bā  jiǔ  shí
一 二 三 四 五 六 七 八 九 十

**7** Greetings:
nǐ hǎo  nín hǎo  zài jiàn
你好！ 您好！ 再见！

**8** Names:
dà shēng  xiǎo yuè
大生  小月

**9** Questions and answers.

nǐ jiào shén me míng zi
A：你叫什么名字？
wǒ jiào dà shēng
B：我叫大生。

# Unit 1  Test

**1**  Add tonal marks as required.

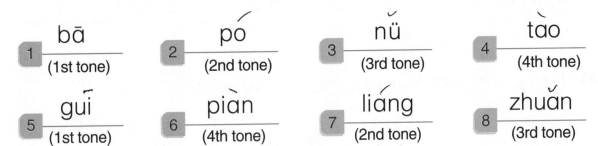

| 1 | bā (1st tone) | 2 | pó (2nd tone) | 3 | nǚ (3rd tone) | 4 | tào (4th tone) |

| 5 | guī (1st tone) | 6 | piàn (4th tone) | 7 | liáng (2nd tone) | 8 | zhuǎn (3rd tone) |

**2**  Write the pinyin for the numbers.

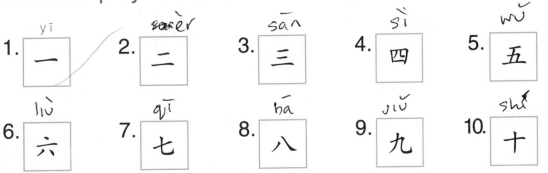

1. 一 yī    2. 二 saèr    3. 三 sān    4. 四 sì    5. 五 wǔ

6. 六 liù    7. 七 qī    8. 八 bā    9. 九 jiǔ    10. 十 shí

**3**  Tick the correct pinyin.

1. 您    a) nín ✓    b) nìn          4. 好    a) háo    b) hǎo ✓

2. 再    a) zài ✓    b) zhài        5. 见    a) jàn    b) jiàn ✓

3. 叫    a) jiào ✓    b) zhào       6. 小    a) xiǎo ✓    b) shǎo

**4**  Number the sequence of strokes.

❶ 大 ①    ❷ 我    ❸ 名    ❹ 叫

**5** Write the Chinese numbers.

1  15  十五    2  37  三十七    3  26  二十六

4  48  四人    5  69  六十九    6  90  九十

**6** Draw the structure of each character.

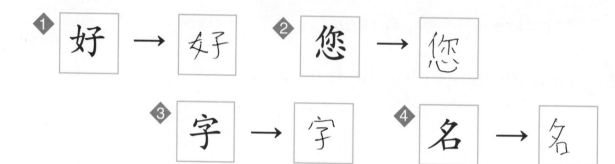

**7** Count the strokes of each character.

1. 四 _5_        2. 九 _2_        3. 好 _6_        4. 我 _7_

5. 大 _3_        6. 月 _4_        7. 名 _6_        8. 生 _5_

**8** Write the basic strokes.

1. [ ]      2. [ ]      3. [ ]      4. [ ]
   diǎn       héng       shù        zhé

5. [ ]      6. [ ]      7. [ ]      8. [ ]
   tí         piě        gōu        nà

**9** Write the numbers according to the patterns.

1. 一、三、五、七、九、十一、十三

2. 二、四、六、八、十、十二、十四

3. 十一、十五、_____、_____、_____

4. 二十、二十二、_____、_____、_____

**10** Put the tonal marks on the right positions.

| liù | jiàn | jiào | shén | yuè | xiǎo |
|---|---|---|---|---|---|
| 1. 六 | 2. 见 | 3. 叫 | 4. 什 | 5. 月 | 6. 小 |

**11** Complete the dialogues.

1
A:你好!

B:_____

2
A:再见!

B:_____

3
A:_____

B:我叫大生。

## Lesson 4    Dates   日期

**1** Copy the radicals.

| ノ イ | | | | | | | |
|---|---|---|---|---|---|---|---|
| standing person | イ | イ | イ | イ | イ | イ | イ |
| く 女 女 | | | | | | | |
| female | 女 | 女 | 女 | 女 | 女 | 女 | 女 |
| 丨 冂 口 | | | | | | | |
| mouth | 口 | 口 | 口 | 口 | 口 | 口 | 口 |
| ノ 勹 夕 | | | | | | | |
| sunset | 夕 | 夕 | 夕 | 夕 | 夕 | 夕 | 夕 |
| 丶 丷 宀 | | | | | | | |
| roof with chimney | 宀 | 宀 | 宀 | 宀 | 宀 | 宀 | 宀 |
| 丶 心 心 心 | | | | | | | |
| heart | 心 | 心 | 心 | 心 | 心 | 心 | 心 |

## 2 Copy the new words of Text 1.

| 丶 冂 冂 日 日 尸 戸 旦 星 星 | | | | | | | |
|---|---|---|---|---|---|---|---|
| **xīng**<br><br>star | 星 | 星 | 星 | 星 | 星 | 星 | 星 |
| 一 十 卄 廿 甘 甘 其 其 其 期 期 期 | | | | | | | |
| **qī**<br><br>a period of time | 期 | 期 | 期 | 期 | 其月 | 其月 | 其月 |
| 一 二 于 天 | | | | | | | |
| **tiān**<br><br>the sky; day | 天 | 天 | 天 | 天 | 天 | 天 | 天 |
| 丨 冂 月 日 | | | | | | | |
| **rì**<br><br>sun; day | 日 | 日 | 日 | 日 | 日 | 日 | 日 |

## 3 Count the strokes of each character.

1. nǐ
你 7

2. xīng
星 9

3. qī
期 12

4. dà
大 3

5. rì
日 4

6. tiān
天 4

7. yuè
月 七

8. xiǎo
小 3

25

**4** Write the months in Chinese.

| | | |
|---|---|---|
| ❶ January<br>一月 | ❷ February<br>二月 | ❸ March<br>三月 |
| ❹ April<br>四月 | ❺ May<br>五月 | ❻ June<br>六月 |
| ❼ July<br>七月 | ❽ August<br>八月 | ❾ September<br>九月 |
| ❿ October<br>十月 | ⓫ November<br>十一月 | ⓬ December<br>十二月 |

**5** Write the pinyin and meaning of each word/phrase.

1. xiǎo
小
small

2. rì
日
sun
day

3. tian
天
sky
day

4.
星 期
xing chi
week.

26

## 6 Dismantle the characters.

1. 你   nǐ    亻 _____ 尔 _____

2. 好   hǎo    女 _____ 子 _____

3. 星   xīng    日 _____ 生 _____

4. 期   qī    其 _____ 月 _____

5. 叫   jiào    口 _____ 丩 _____

6. 字   zì    宀 _____ 子 _____

7. 什   shén    亻 _____ 十 _____

8. 您   nín    心 _____ 亻 _____ 尔 _____

## 7 Match the picture with the answer in the box.

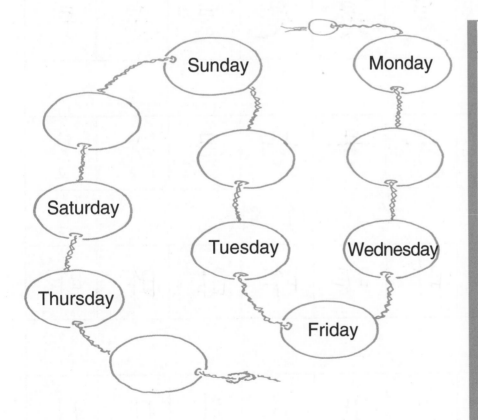

**Answers**

a) 星期一   xīng qī yī

b) 星期二   xīng qī èr

c) 星期三   xīng qī sān

d) 星期四   xīng qī sì

e) 星期五   xīng qī wǔ

f) 星期六   xīng qī liù

g) 星期日／天   xīng qī rì tiān

27

丿 人 仒 今

| jīn<br><br>now; today | 今 | 今 | 今 | 今 | 今 | 今 | 今 |
|---|---|---|---|---|---|---|---|

丿 ⺧ 二 午 年 年

| nián<br><br>year | 年 | 年 | 年 | 年 | 年 | 年 | 年 |
|---|---|---|---|---|---|---|---|

丨 冂 日 日 旦 早 昱 是 是

| shì<br><br>be | 是 | 是 | 是 | 是 | 是 | 是 | 是 |
|---|---|---|---|---|---|---|---|

丨 冂 口 문 号

| hào<br><br>number | 号 | 号 | 号 | 号 | 号 | 号 | 号 |
|---|---|---|---|---|---|---|---|

丨 冂 月 日 旷 旷 昨 昨

| zuó<br><br>yesterday | 昨 | 昨 | 昨 | 昨 | 昨 | 昨 | 昨 |
|---|---|---|---|---|---|---|---|

丿 几

| jǐ<br><br>how many | 几 | 几 | 几 | 几 | 几 | 几 | 几 |
|---|---|---|---|---|---|---|---|

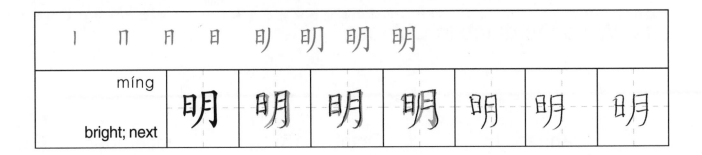

| | 丨 | 冂 | 冂 | 日 | 明 | 明 | 明 | 明 |
|---|---|---|---|---|---|---|---|---|
| míng<br><br>bright; next | 明 | 明 | 明 | 明 | 明 | 明 | 明 |

## 9 Write the meaning of each phrase.

xīng qī
1. 星期 ___week___

shén me
2. 什么 ___what___

zuó tiān
3. 昨天 ___~~tomorrow~~ yesterday!!___

míng zi
4. 名字 ___name___

jīn tiān
5. 今天 ___today___

míng tiān
6. 明天 ___tomorrow___

liù hào
7. 六号 ___6th___

qī yuè
8. 七月 ___July___

zài jiàn
9. 再见 ___goodbye___

## 10 Write the radicals.

1. 你 ___亻___
2. 好 ___女___
3. 叫 ___口___
4. 名 ___夕___
5. 字 ___宀___
6. 您 ___心___

## 11 Write the dates in Chinese.

**1**

January 1

一月一日

**2**

October 15

十月十五日

**3**

December 25

十二月二十五日

**4**

July 13

七月十三日

**5**

November 9

十一月九日

**6**

April 30

四月三十日

## 12 Write the pinyin for each phrase.

1. míng zi
名 字

2. shí yuè
十 月

3. jiǔ hào
九 号

4. shén me
什 么

5. nǐ hǎo
你 好

6. zài jiàn
再 见

7. nín hǎo
您 好

8. xīng qī
星 期

9. jīn nián
今 年

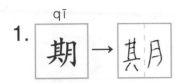

## 13 Draw the structure of each character.

1. qī 期 → 其 月
2. nín 您 → 您
3. jiào 叫 → 叫

4. zì 字 → 字
5. míng 名 → 名
6. xīng 星 → 星

7. zuó 昨 → 昨
8. zhè 这 → 这
9. xiè 谢 → 谢

## 14 Complete the sentences.

1. jīn tiān wǔ yuè qī hào
今天五月七号。
míng tiān
明天 <u>五月八号</u> 。

2. jīn tiān èr yuè shí èr rì
今天二月十二日。
zuó tiān
昨天 <u>二月十一日</u> 。

3. jīn tiān jiǔ yuè qī hào
今天九月七号。
míng tiān
明天 <u>九月八号</u> 。

4. jīn tiān èr yuè shí èr rì
今天二月十二日。
míng tiān
明天 <u>二月三日</u> 。

5. zuó tiān xīng qī sì
昨天星期四。
míng tiān
明天 <u>星期六</u> 。

6. jīn tiān shí èr yuè shí sì rì
今天十二月十四日。
zuó tiān
昨天 <u>十二月十三日</u> 。

## 15 Write the dates in Chinese.

**1**

January 1, Friday

一月一日星期五

**2**

March 15, Tuesday

**3**

July 22, Thursday

**4**

December 25 ,Saturday

**5**

October 1, Sunday

**6**

April 10, Monday

## 16 Translate from English to Chinese.

1. what 什么

2. name 名字

✓ 3. week 星期

✓ 4. this year 今年

✓ 5. yesterday 昨天

✓ 6. today 今天

✓ 7. tomorrow 明天

✗ 8. Sunday 星期日 xīngqīrì

## 17 Complete the dialogues.

1. A：你好！ *nǐ hǎo*

B：_____。

2. A：再见！ *zài jiàn*

B：_____。

3. A：今天几号？ *jīn tiān jǐ hào*

B：_____。

4. A：昨天星期几？ *zuó tiān xīng qī jǐ*

B：_____。

5. A：明天几号？ *míng tiān jǐ hào*

B：_____。

6. A：今天星期几？ *jīn tiān xīng qī jǐ*

B：_____。

## 18 Write your home telephone number in Chinese.

| | | | | | | | |
|---|---|---|---|---|---|---|---|
| | | | | | | | |

33

# 19 Complete the dialogues.

你叫什么名字？

1

今天几号？

January 20

2

昨天几号？

December 25
(today)

3

你好！

4

再见！

5

明天星期几？

Saturday
(today)

6

## 20 Rearrange the words/phrases to form a sentence/question.

1. 叫 / 你 / 名字 / 什么 ?
_jiào / nǐ / míng zi / shén me_

你叫什么名字?

2. 三月 / 今天 / 十号 。
_sān yuè / jīn tiān / shí hào_

今天 三月 十号

3. 是 / 今年 / 二〇〇六年 。
_shì / jīn nián / èr líng líng liù nián_

今年 是 二〇〇六年

4. 星期四 / 昨天 。
_xīng qī sì / zuó tiān_

昨天 星期四.

5. 几号 / 明天 ?
_jǐ hào / míng tiān_

明天 几号?

6. 星期几 / 今天 ?
_xīng qī jǐ / jīn tiān_

今天 星期儿?

## 21 Translate from English to Chinese.

1. Hello!

_____

2. Good-bye!

_____

3. What is your name?

_____

4. My name is Xiaoyue.

_____

5. This year is 2006.

_____

6. Today is Tuesday.

_____

7. Yesterday was June 10.

_____

8. Tomorrow is March 25.

_____

# Unit 2

## Lesson 5    Age  年龄

**1** Copy the radicals.

| | | | | | | | |
|---|---|---|---|---|---|---|---|
| ノ　人 | | | | | | | |
| stretching person | 人 | 人 | 人 | 人 | 人 | 人 | 人 |
| ノ　㇀ | | | | | | | |
| sleeping person | ㇀ | ㇀ | ㇀ | ㇀ | ㇀ | ㇀ | ㇀ |
| ｜　冂　冃　日 | | | | | | | |
| sun | 日 | 日 | 日 | 日 | 日 | 日 | 日 |
| ノ　几　月　月 | | | | | | | |
| flesh | 月 | 月 | 月 | 月 | 月 | 月 | 月 |
| ｜　屮　山 | | | | | | | |
| mountain | 山 | 山 | 山 | 山 | 山 | 山 | 山 |
| 一　二　干　王 | | | | | | | |
| jade | 王 | 王 | 王 | 王 | 王 | 王 | 王 |

## 2 Copy the new words of Text 1.

| | | | | | | | |
|---|---|---|---|---|---|---|---|
| 一 | ナ | ナ | 右 | 在 | 在 | | |
| zài<br>in; on | 在 | 在 | 在 | 在 | 在 | 在 | 在 |
| ㇄ | 屮 | 中 | 出 | 出 | | | |
| chū<br>go or come out | 出 | 出 | 出 | 出 | 出 | 出 | 出 |
| ′ | ⺅ | 白 | 白 | 白 | 白 | 的 | 的 |
| de<br>of; 's | 的 | 的 | 的 | 的 | 的 | 的 | 的 |

## 3 Count the strokes of each character.

1. jīn 今 4
2. nián 年 5
3. chū 出 5
4. shēng 生 5

5. zài 在 6
6. shì 是 9
7. zuó 昨 9
8. míng 明 8

## 4 Write the Chinese numbers.

1. 15 十五
2. 34 三十四
3. 26 二十六
4. 99 九十九
5. 80 八十
6. 73 七十三
7. 40 四十
8. 9 九
9. 61 六十一

## 5 Correct the mistakes of the pinyin for each character.

1. zèi  *zài*
在

2. qū  *chū*
出

3. haò  *hào*
号

4. zóu  *zuó*
昨

5. mín  *míng*
明

6. sì  *shì*
是

## 6 Write the following in Chinese.

1. February 10

二月十号

2. Friday

3. March 8

4. Year 2000

5. Thursday

6. July 20

7. June 29

8. Monday

9. Year 2006

## 7 Write the pinyin and meaning of each phrase.

1.

shén me

____what____

2.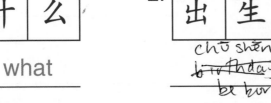

chū shēng
~~birthday~~
be born

3.
生 日

shēng rì

birthday

4.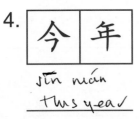

jīn nián

this year

5.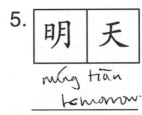

míng tiān

tomorrow

6.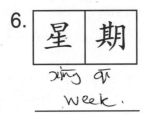

xīng qī

week.

## 8 Translate from Chinese to English.

1. wǒ zài yī jiǔ jiǔ wǔ nián chū shēng
我（在）一九九五年出生。

I was born in 1995

2. jīn tiān xīng qī sì
今天星期四。

Today is ~~wed~~ Thursday

3. wǒ de shēng rì shì sān yuè shí jiǔ rì
我的生日是三月十九日。

My birthday is March 19th.

4. wǒ jiào xiǎo yuè
我叫小月。

My name is small moon

5. zuó tiān wǔ yuè yī rì
昨天五月一日。

yesterday was May 1st

6. míng tiān xīng qī tiān
明天星期天。

tomorrow is sunday

## 9 Fill in the missing numbers according to the pattern.

| èr | | | bā | shí èr | |
|---|---|---|---|---|---|
| 二 | | | 八 | 十二 | |

## 10 Rearrange the words/phrases to form a sentence.

　　　chū shēng　wǒ　　yī jiǔ jiǔ liù nián
1. 出生 / 我 / 一九九六年。 → _____

　　　èr yuè shí rì　wǒ de shēng rì　　shì
2. 二月十日 / 我的生日 / 是。 → _____

　　　dà shēng　jiào　　wǒ
3. 大生 / 叫 / 我。 → _____

　　　èr líng líng wǔ nián　　shì　　jīn nián
4. 二〇〇五年 / 是 / 今年。 → _____

## 11 Write a dialogue or one sentence for each picture.

| 一 二 干 王 | | | | | | |
|---|---|---|---|---|---|---|
| wáng<br><br>king; a surname | 王 | 王 | 王 | 王 | 王 | 王 |

| ノ ク タ タ 多 多 | | | | | | |
|---|---|---|---|---|---|---|
| duō<br><br>many; much | 多 | 多 | 多 | 多 | 多 | 多 |

| フ 了 | | | | | | |
|---|---|---|---|---|---|---|
| le<br><br>particle | 了 | 了 | 了 | 了 | 了 | 了 |

| ノ イ 仂 仲 他 | | | | | | |
|---|---|---|---|---|---|---|
| tā<br><br>he; him | 他 | 他 | 他 | 他 | 他 | 他 |

| 、 二 亇 文 | | | | | | |
|---|---|---|---|---|---|---|
| wén<br><br>culture; civilization | 文 | 文 | 文 | 文 | 文 | 文 |

| 丨 山 山 屮 岁 岁 | | | | | | |
|---|---|---|---|---|---|---|
| suì<br><br>year (of age) | 岁 | 岁 | 岁 | 岁 | 岁 | 岁 |

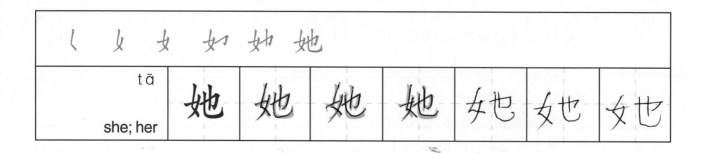

| | tā<br>she; her | 她 | 她 | 她 | 她 | 她 | 她 | 她 |

〢 夊 女 如 如 她

· · · **13** · · · Draw the structure of each character. · · · · · · · · · · · · · ·

1. míng
她 → 日月

2. duō
多 → 夕夕

3. tā
他 → 亻也

4. nín
您 → 亻尔心

5. hǎo
好 → 女子

6. suì
岁 → 屮夕

7. tā
她 → 女也

8. shì
是 → 日人亡

9. nǐ
你 → 亻尔

· · · **14** · · · Complete the dialogues. · · · · · · · · · · · · · · · · · · · · ·

1. A：tā duō dà le
他多大了？(19)

   B：十九岁。

2. A：tā jǐ suì le
她几岁了？(6)

   B：＿＿＿＿＿＿＿

3. A：＿＿＿＿＿＿＿

   B：jīn tiān xīng qī sān
今天星期三。

4. A：＿＿＿＿＿＿＿

   B：jīn tiān liù yuè shí hào
今天六月十号。

## 15 Write the meaning of each radical.

1. 亻: _standing person_  2. 女: _woman_  3. 口: _mouth_  4. 夕: _sunset/evening_

5. 宀: _roof_  6. 心: _heart_  7. 山: _mountain_  8. 王: _jade_

## 16 Write over the strokes as required.

1. diǎn  字 (zì)  您 (nín)        5. nà   天 (tiān)  是 (shì)

2. héng  生 (shēng)  王 (wáng)    6. zhé  星 (xīng)  见 (jiàn)

3. shù   什 (shén)  叫 (jiào)     7. gōu  你 (nǐ)  小 (xiǎo)

4. piě   名 (míng)  今 (jīn)

## 17 Write the characters.

1. 大 (dà) big

2. 小 (xiǎo) small

3. 天 (tiān) the sky; day

4. 生 (shēng) be born; student

5. 月 (yuè) moon; month

6. 出 (chū) go or come out

7. 叫 (jiào) call

8. 王 (wáng) king; a surname

9. 在 (zài) in; on

10. 日 (rì) sun; day

43

## 18 Find the missing word in the box to form a phrase.

| jiàn | hǎo | me | zì | tiān | dà | qī | shēng |
|------|-----|-----|-----|------|-----|-----|-------|
| 见 | 好 | 么 | 字 | 天 | 大 | 期 | 生 |

1. 你<sup>nǐ</sup> 好    2. 名<sup>míng</sup> 字    3. 星<sup>xīng</sup> 期    4. 明<sup>míng</sup> 天

5. 什<sup>shén</sup> 么    6. 再<sup>zài</sup> 见    7. 多<sup>duō</sup> 大    8. 出<sup>chū</sup> 生

## 19 Complete the dialogues.

我六岁。

二月十日。

我叫王月。

今天星期几？

## 20 Write the radicals.

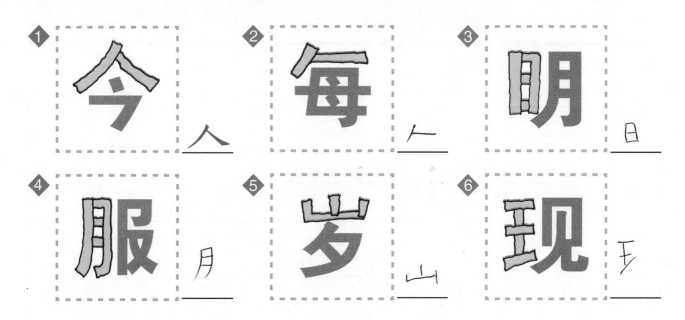

## 21 Find the radical for each character. Write it down.

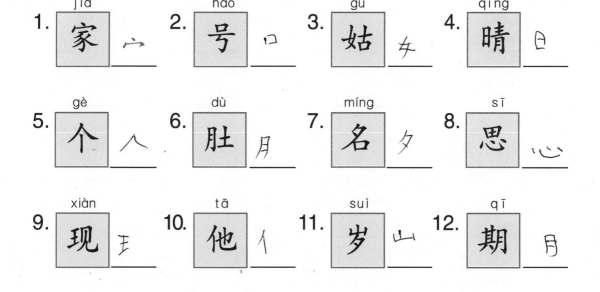

Lesson 6    Telephone Numbers  电话号码

**1** Copy the radicals.

| | | | | | | | |
|---|---|---|---|---|---|---|---|
| 丶 讠 | | | | | | | |
| speech | 讠 | 讠 | 讠 | 讠 | 讠 | 讠 | 讠 |
| 一 厂 不 石 石 | | | | | | | |
| rock | 石 | 石 | 石 | 石 | 石 | 石 | 石 |
| 丨 丨 ⺌ ⺌ | | | | | | | |
| (小) small | ⺌ | ⺌ | ⺌ | ⺌ | ⺌ | ⺌ | ⺌ |
| 丿 亻 白 白 白 | | | | | | | |
| white | 白 | 白 | 白 | 白 | 白 | 白 | 白 |
| 乛 阝 | | | | | | | |
| ear | 阝 | 阝 | 阝 | 阝 | 阝 | 阝 | 阝 |
| 乙 乡 乡 | | | | | | | |
| silk | 乡 | 乡 | 乡 | 乡 | 乡 | 乡 | 乡 |

## 2 Copy the new words of Text 1.

| 丶 丷 宀 宀 宁 宁 字 宇 家 家 | | | | | | |
|---|---|---|---|---|---|---|
| jiā<br><br>family | 家 | 家 | 家 | 家 | 家 | 家 |

| 丨 冂 冂 日 电 | | | | | | |
|---|---|---|---|---|---|---|
| diàn<br><br>electricity | 电 | 电 | 电 | 电 | 电 | 电 |

| 丶 讠 讠 讠 讠 讠 话 话 | | | | | | |
|---|---|---|---|---|---|---|
| huà<br><br>word; talk | 话 | 话 | 话 | 话 | 话 | 话 |

| 一 丆 丆 石 石 石 码 码 | | | | | | |
|---|---|---|---|---|---|---|
| mǎ<br><br>number | 码 | 码 | 码 | 码 | 码 | 码 |

| 丨 小 小 少 | | | | | | |
|---|---|---|---|---|---|---|
| shǎo<br><br>few; little | 少 | 少 | 少 | 少 | 少 | 少 |

Find the missing word in the box to form a phrase.

1. diàn 电 话
2. duō 多 ___
3. hào 号 码

4. nǐ 你 好
5. jīn 今 年
6. shén 什 么

7. shēng 生 日
8. xīng 星 期
9. míng 名 字

10. zuó 昨 天
11. chū 出 生
12. zài 再 见

话　少　码
见　字　日
生　天　年
么　期　好

**4** Find characters with the same number of strokes.

◆1 2 strokes　了 □

◆2 3 strokes　□ □ □

◆3 4 strokes　□ □ □ □

**5** Write the radicals.

1 的　白

2 常

3 语

4 都

5 码

6 级

## 6. Write the telephone numbers in Chinese.

1. 2576 3079

二五七六 三〇七九

2. 5241 8093

3. 2545 0087

4. 9134 2865

5. 4708 2191

6. 9836 2401

## 7. Count the strokes of each character.

1. duō 多  6
2. tā 她
3. jiā 家
4. de 的

5. diàn 电
6. huà 话
7. shǎo 少
8. mǎ 码

## 8. Write the meaning of each radical.

1. 讠: speech
2. 宀: roof
3. 夕: sunset
4. 口: mouth
5. 石: rock
6. 人: stretchy person
7. 心: heart
8. 白: white
9. 月: flesh
10. 女: woman
11. 日: sun
12. 亻: standing
Person

49

## 9 Translate from English to Chinese.

1. week
星期

2. number
号码

3. this year
今年

4. yesterday
昨天

5. how old
多大

6. name
名字

7. telephone
电话

8. birthday
生日

9. today
今天

## 10 Answer the questions.

nǐ jiào shén me míng zi
1. 你叫什么名字？
_____

jīn tiān jǐ yuè jǐ hào
2. 今天几月几号？
_____

zuó tiān xīng qī jǐ
3. 昨天星期几？
_____

míng tiān jǐ yuè jǐ hào
4. 明天几月几号？
_____

nǐ de shēng rì shì jǐ yuè jǐ hào
5. 你的生日是几月几号？
_____

nǐ duō dà le
6. 你多大了？
_____

nǐ jiā de diàn huà hào mǎ shì duō shao
7. 你家的电话号码是多少？
_____

## 11 Copy the new words of Text 2.

丿 亻 亻 亻 亻 作 住 住

| | zhù<br>live | 住 | 住 | 住 | 住 | 住 | 住 | 住 |

丨 冂 口 叮 叮 叮 哪 哪了 哪

| | nǎ<br>which; what | 哪 | 哪 | 哪 | 哪 | 哪 | 哪 | 哪 |

丿 儿

| | ér<br>suffix | 儿 | 儿 | 儿 | 儿 | 儿 | 儿 | 儿 |

丨 十 壮 北 北 、 六 宁 亠 亠 京 京 京

| | běijīng<br>Beijing | 北 | 京 | 北 | 京 | 北 | 京 | 北京 |

## 12 Write the missing months.

| 一月 | 二月 | | 十月 | | |
|---|---|---|---|---|---|
| | | | | | |
| | | | | | |
| | 六月 | | | | |

## 13 Count the strokes of each character.

1. shǎo 少 4
2. huà 话 ___
3. nǎ 哪 ___
4. zhù 住 ___

5. zài 在 ___
6. wén 文 ___
7. ér 儿 ___
8. wáng 王 ___

## 14 Write the radicals.

1. jiā 家: 宀
2. mǎ 码: 石
3. duō 多: 夕 ___
4. de 的: 日 ___

5. nǎ 哪: ___
6. huà 话: 讠
7. jīn 今: 人
8. qī 期: 月

9. zhù 住: 亻
10. tā 她: 女
11. míng 明: 月?
12. nín 您: ___

## 15 Draw a picture for each word.

rì 日

tiān 天

❶ ❷
❸ ❹

yuè 月

wáng 王

52

## 16 Write the pinyin and meaning of each word/phrase.

1.
| chū | shēng |
|---|---|
| 出 | 生 |

be born

2.
| běi | jīng |
|---|---|
| 北 | 京 |

Beijing

3.
| | |
|---|---|
| 哪 | 儿 |

nǎ ér

4.
| | |
|---|---|
| 电 | 话 |

diàn hvà

5.
| | |
|---|---|
| 号 | 码 |

hào mǎ

6.
| | |
|---|---|
| 多 | 少 |

duō shao

## 17 Rearrange the words/phrases to form a question.

1.

jiào / míng zi / nǐ / shén me

叫 / 名字 / 你 / 什么 ?

→ _____

2.
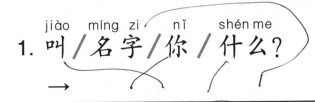
nǎr / zhù / nǐ / zài

哪儿 / 住 / 你 / 在 ?

→ _____

3.

le / duō dà / nǐ

了 / 多大 / 你 ?

→ _____

4.

shēng rì / shì / de / jīn tiān / wǒ

生日 / 是 / 的 / 今天 / 我 。

→ _____

5.

chū shēng / zài / nǐ / nǎr

出生 / 在 / 你 / 哪儿 ?

→ _____

## 18 Draw the structure of each character.

1. běi 北 →
2. nǎ 哪 →
3. nín 您 →
4. zhù 住 →
5. mǎ 码 →
6. duō 多 →
7. jiā 家 →
8. míng 明 →
9. xīng 星 →

## 19 Write the missing numbers.

| 一 | 三 | | | 九 |
|---|---|---|---|---|
| | | | | |
| | 三十五 | | | |
| | | 三十一 | | |
| 四十一 | | | | 十七 |
| | | | | |
| | 二十五 | | | |

## 20 Write the characters.

1. shì 是 be

2. zhù 住 live

3. diàn 电 electricity

4. hào 号 number

5. chū 出 out

6. huà 话 word; talk

7. mǎ 码 number

8. tā 她 she; her

9. tiān 天 the sky; day

## 21 Complete the dialogues.

1. A : _____

   wǒ jiào wáng wén
  B : 我 叫 王 文 。

2. A : _____

   wǒ jīn nián shí èr suì
  B : 我 今 年 十 二 岁 。

3. A : _____

   wǒ jīn nián wǔ suì
  B : 我 今 年 五 岁 。

4. A : _____

   jīn tiān shí yuè bā hào
  B : 今 天 十 月 八 号 。

5. A : _____

   jīn tiān xīng qī sān
  B : 今 天 星 期 三 。

6. A : _____

   wǒ jiā zhù zài běi jīng
  B : 我 家 住 在 北 京 。

7. A : _____

   èr líng líng qī sān bā jiǔ liù
  B : 二 〇 〇 七 三 八 九 六 。

55

## Unit 2  Revision

**1** Dates.

1.
yī yuè 一月　　èr yuè 二月　　sān yuè 三月　　sì yuè 四月　　wǔ yuè 五月　　liù yuè 六月

qī yuè 七月　　bā yuè 八月　　jiǔ yuè 九月　　shí yuè 十月　　shí yī yuè 十一月　　shí èr yuè 十二月

2.
xīng qī yī 星期一　　xīng qī èr 星期二　　xīng qī sān 星期三　　xīng qī sì 星期四　　xīng qī wǔ 星期五

xīng qī liù 星期六　　xīng qī rì / tiān 星期日／天

3.
jīn tiān shì èr líng líng liù nián sì yuè shí bā rì xīng qī èr 今天是二〇〇六年四月十八日星期二。

4.
zuó tiān 昨天　　míng tiān 明天

**2** Personal information.

1.
wǒ jiào xiǎo tiān 我叫小天。

2.
wǒ zài yī jiǔ jiǔ yī nián chū shēng 我(在)一九九一年出生。

3.
wǒ de shēng rì shì wǔ yuè bā hào 我的生日是五月八号。

4.
wǒ shí wǔ suì le 我十五岁了。

5.
wǒ zhù zài běi jīng 我住在北京。

6.
wǒ jiā de diàn huà hào mǎ 我家的电话号码
shì 是 2870 3962。

**3** Radicals.

1. 亻 女 口 夕 宀 心

2. 人 宀 日 月 山 王

3. 讠 石 ⺌(小) 白 阝 纟

# 4 Question words.

jǐ        duō dà        jǐ suì        duō shao        nǎr

几      多大      几岁      多少      哪儿

# 5 Questions and answers.

jīn tiān jǐ yuè jǐ hào
1. A: 今天几月几号？

sì yuè shí bā hào
   B: 四月十八号。

jīn tiān xīng qī jǐ
2. A: 今天星期几？

xīng qī èr
   B: 星期二。

nǐ duō dà le
3. A: 你多大了？

shí wǔ suì
   B: 十五岁。

tā jǐ suì le
4. A: 她几岁了？

sì suì
   B: 四岁。

nǐ jiā de diàn huà hào mǎ shì duō shao
5. A: 你家的电话号码是多少？

   B: 2663 7580。

nǐ zhù zài nǎr
6. A: 你住在哪儿？

wǒ zhù zài běi jīng
   B: 我住在北京。

# Unit 2  Test

**1** Count the strokes of each character.

1. 星

2. 期

3. 昨

4. 家

5. 码

6. 哪

**2** Correct the wrong pinyin.

1. zhài  ~~zài~~  在

2. chī  ~~qī~~  期

3. zúo  ~~zuó~~  昨

4. qū  ~~chū~~  出

5. sùi  ~~suì~~  岁

6. dàn  ~~diǎn~~  电

**3** Find the missing word in the box to form a phrase.

1. 星 期

2. 今 年

3. 今 天

4. 出 生

5. 电 话

6. 多 少

7. 号 码

8. 明 天

9. 名 字

天 期 电
今 生 少
字 号 明

**4** Write the meaning of each radical.

1. 王: Jade

2. 月: flesh

3. 亻: sleeping person.

4. 石: rock.

5. 讠: talk/speak

6. 小: small

7. 纟: silk

8. 夕: sunset.

**5** Find the radical and write its meaning.

1. 岁 | 山 | mouns
2. 明 | | 月 flesh
3. 今 | | 人 stretchs p oon

4. 您 | 心 | heart
5. 家 | 宀 | roof
6. 名 | | 夕 sunset.

7. 码 | | 石 rock
8. 的 | | 白 white
9. 哪 | | 口 mouth.

**6** Write the following in Chinese.

| **1** | April 24<br>Monday<br>2006 | 今天是 |
| --- | --- | --- |
| | | **2** March 19<br>2007 |

**7** Answer the questions in Chinese.

| 2006 | | | | | | April |
| --- | --- | --- | --- | --- | --- | --- |
| 一 | 二 | 三 | 四 | 五 | 六 | 日 |
| 10 | 11 | 12 | 13<br>今天 | 14 | 15 | 16 |

1. A: 昨天星期几？

   B: _____

2. A: 今天几月几号？

   B: _____

3. A: 明天几号？

   B: _____

**8** Draw the structure of each character.

1. 星 → ☐  2. 叫 → ☐  3. 岁 → ☐

4. 哪 → ☐  5. 您 → ☐  6. 家 → ☐

**9** Rearrange the words/phrases to form a sentence.

1. 二〇〇六年／是／今年。 → _____

2. 叫／他／小明。 → _____

3. 一九八八年／他／出生。 → _____

4. 生日／我的／八月十日／是。 → _____

5. 住／他／北京／在。 → _____

6. 五月／今天／十五日。 → _____

**10** Put the tonal marks on the right positions.

| 1 | jian (4th tone) | 2 | qiong (2nd tone) | 3 | xue (4th tone) | 4 | zhui (1st tone) |

| 5 | chou (3rd tone) | 6 | shuo (1st tone) | 7 | ruan (3rd tone) | 8 | sui (2nd tone) |

## 11 Match the question with the answer.

b | 1 | 你叫什么名字？ | a) 三月二十七号。
d | 2 | 你住在哪儿？ | b) 我叫小文。
a | 3 | 他的生日是几月几号？ | c) 六岁。
f | 4 | 今天星期几？ | d) 北京。
c | 5 | 你多大了？ | e) 十二岁。
e | 6 | 她几岁了？ | f) 星期二。

## 12 Reading comprehension.

她叫家家。她今年十岁。她出生在一九九六年。她的生日是五月三十日。她住在上海。她家的电话号码是 2856 7034。

**Answer the questions:**

1. 她叫什么名字？ 家家

2. 她多大了？ 十岁

3. 她的生日是几月几号？ 30 May

4. 她家住在哪儿？ 上海

5. 她家的电话号码是多少？ 2856 7034.

## 13 Essay writing.

Write about yourself. Your essay should include:

    a) your name

    b) the year you were born

    c) your birthday

    d) your age

    e) where you live

    f) your home telephone number

## Lesson 7  Family Members 家庭成员

**1** Copy the radicals.

| | | | | | | | |
|---|---|---|---|---|---|---|---|
| 一 二 千 禾 禾 | | | | | | | |
| seedling | 禾 | 禾 | 禾 | 禾 | 禾 | 禾 | 禾 |
| 丿 八 父 父 | | | | | | | |
| father | 父 | 父 | 父 | 父 | 父 | 父 | 父 |
| 丶 氵 辶 | | | | | | | |
| movement | 辶 | 辶 | 辶 | 辶 | 辶 | 辶 | 辶 |
| 丶 冫 氵 | | | | | | | |
| water | 氵 | 氵 | 氵 | 氵 | 氵 | 氵 | 氵 |
| 丶 丷 䒑 兰 兰 羊 | | | | | | | |
| (羊) sheep | 羊 | 羊 | 羊 | 羊 | 羊 | 羊 | 羊 |
| 丨 冂 口 | | | | | | | |
| enclosure | 口 | 口 | 口 | 口 | 口 | 口 | 口 |

## 2 Copy the new words of Text 1.

| | 一 ナ ナ 冇 冇 有 | | | | | | |
|---|---|---|---|---|---|---|---|
| yǒu<br><br>have; there be | 有 | 有 | 有 | 有 | 有 | 有 | 有 |
| | 丨 冂 口 | | | | | | |
| kǒu<br><br>mouth;<br>measure word | 口 | 口 | 口 | 口 | 口 | 口 | 口 |
| | 丿 人 | | | | | | |
| rén<br><br>person | 人 | 人 | 人 | 人 | 人 | 人 | 人 |
| | 丿 八 父 父 爷 爷 爸 爸 | | | | | | |
| bà<br><br>dad; father | 爸 | 爸 | 爸 | 爸 | 爸 | 爸 | 爸 |
| | 乀 乁 女 妇 妈 妈 | | | | | | |
| mā<br><br>mum; mother | 妈 | 妈 | 妈 | 妈 | 妈 | 妈 | 妈 |
| | 一 冂 丏 哥 哥 哥 哥 哥 哥 | | | | | | |
| gē<br><br>elder brother | 哥 | 哥 | 哥 | 哥 | 哥 | 哥 | 哥 |

63

<table>
<tr><td colspan="8">く 女 女 如 如 姐 姐 姐</td></tr>
<tr><td>jiě<br><br>elder sister</td><td>姐</td><td>姐</td><td>姐</td><td>姐</td><td>姐</td><td>姐</td><td>姐</td></tr>
<tr><td colspan="8">ノ 二 千 禾 禾 禾 和 和</td></tr>
<tr><td>hé<br><br>and</td><td>和</td><td>和</td><td>和</td><td>和</td><td>和</td><td>和</td><td>和</td></tr>
</table>

**3** Count the strokes of each character.

1. nǐ 你 　　2. jiā 家 　　3. bà 爸 　　4. mā 妈

5. gē 哥 　　6. jiě 姐 　　7. hé 和 　　8. yǒu 有

**4** Draw the structure of each character.

1. nín 您 → 　　2. nǎ 哪 → 　　3. zhù 住 →

4. bà 爸 → 　　5. mā 妈 → 　　6. hé 和 →

7. huà 话 → 　　8. duō 多 → 　　9. jiā 家 →

## 5 Write the characters.

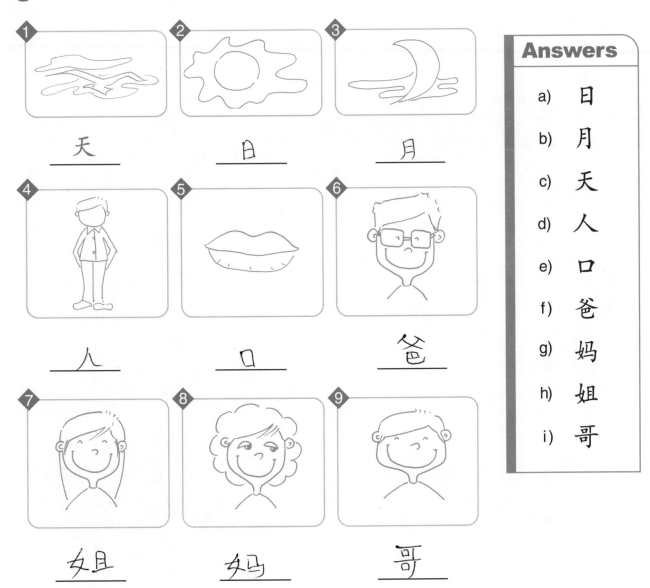

**1** 天

**2** 日

**3** 月

**4** 人

**5** 口

**6** 爸

**7** 姐

**8** 妈

**9** 哥

**Answers**

a) 日
b) 月
c) 天
d) 人
e) 口
f) 爸
g) 妈
h) 姐
i) 哥

## 6 Essay writing.

Introduce your friend.  Your essay should include:

a) his/her name, age, birthday

b) his/her family members

c) the city/country where they live

d) his/her home telephone number

1

2

我家有三口人：

爸爸、妈妈和我。

3

4

1. 禾 : seedling   2. 父 : father   3. 辶 : movement  4. 氵 : water

5. 士 : scholar   6. 囗 : enclosure  7. 纟 : silk   8. 石 : rock

丶 讠 讠 计 计 计 讲 诈 诈 谁 谁

| shuí who | 谁 | 谁 | 谁 | 谁 | 谁 | 谁 | 谁 |

丶 ㇏ 半 兰 兰 弟 弟

| dì younger brother | 弟 | 弟 | 弟 | 弟 | 弟 | 弟 | 弟 |

乚 夊 女 妌 奸 奸 妹 妹

| mèi younger sister | 妹 | 妹 | 妹 | 妹 | 妹 | 妹 | 妹 |

丶 亠 亣 文 文 这 这

| zhè this | 这 | 这 | 这 | 这 | 这 | 这 | 这 |

丿 人 个

| gè measure word | 个 | 个 | 个 | 个 | 个 | 个 | 个 |

刁 ㇆ 习 邘 那 那

| nà that | 那 | 那 | 那 | 那 | 那 | 那 | 那 |

67

## 10 Count the strokes of each character.

1. 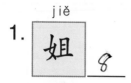 jiě 姐 _8_

2. gē 哥 _10_

3. shuí 谁 _10_

4. gè 个 _3_

5. 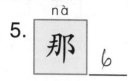 nà 那 _6_

6. zhè 这 _7_

7. mèi 妹 _8_

8. dì 弟 _6_

## 11 Match the picture with the answer.

哥哥

**Answers**

a) 爸爸

b) 妈妈

c) 哥哥

d) 姐姐

e) 弟弟

f) 妹妹

## 12 Circle the four-stroke characters.

| tiān | shēng | rì | jīn | chū | diàn | wáng | shǎo | kǒu |
|------|-------|-----|------|-----|------|------|------|-----|
| 天 | 生 | 日 | 今 | 出 | 电 | 王 | 少 | 口 |

## 13 Write the radicals.

① 和 禾 ___
② 这 辶 ___
③ 没 氵 ___
④ 差 羊 ___
⑤ 国 囗 ___
⑥ 爸 父 ___

## 14 Combine two parts in the boxes to form a character.

**Radicals**

亻 讠 女 口 宀
阝 日 月 石 父

**Other parts**

予 隹 十 午 巴
马 其 未 艹 月

| 谁 | 那 | 妹 | 字 | 爸 | 叫 | 码 | 其月 | 昨 | 什 |
|---|---|---|---|---|---|---|---|---|---|
| shuí | nà | mèi | zì | bà | jiào | mǎ | qī | zuó | shén |

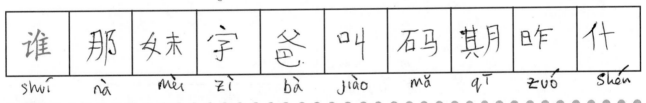

## 15 Translate from Chinese to English.

1. zhè ge rén shì shuí
   这个人是谁？    Who is this person?

2. nà ge rén shì wǒ gē ge
   那个人是我哥哥。  This person is my elder brother.

3. tā jiā yǒu wǔ kǒu rén
   他家有五口人。   Your family has 5 people.

4. wǒ jiā yǒu sān kǒu rén
   我家有三口人。   My family has 3 people.

69

## 16 Complete the dialogues.

1. A: _____ ?
   B: 我叫王京。
   wǒ jiào wáng jīng

2. A: _____ ?
   B: 我今年十二岁。
   wǒ jīn nián shí èr suì

3. A: _____ ?
   B: 我家有四口人。
   wǒ jiā yǒu sì kǒu rén

4. A: _____ ?
   B: 我家有爸爸、妈妈和我。
   wǒ jiā yǒu bà ba　mā ma hé wǒ

5. A: _____ ?
   B: 我的生日是一月二号。
   wǒ de shēng rì shì yī yuè èr hào

6. A: _____ ?
   B: 二〇七八 九三五九。
   èr líng qī bā　jiǔ sān wǔ jiǔ

## 17 Reading comprehension.

你好！我叫王大年，今年十二岁。我的生日是五月十八日。我家有四口人：爸爸、妈妈、一个哥哥和我。我们一家人住在北京。

(nǐ hǎo wǒ jiào wáng dà nián jīn nián shí èr suì wǒ de shēng rì shì wǔ yuè shí bā rì wǒ jiā yǒu sì kǒu rén bà ba mā ma yí ge gē ge hé wǒ wǒ men yì jiā rén zhù zài běi jīng)

**Answer the questions:**

1. 王大年多大了？
   wáng dà nián duō dà le
   _____

2. 他的生日是几月几号？
   tā de shēng rì shì jǐ yuè jǐ hào
   _____

3. 他家有谁？
   tā jiā yǒu shuí
   _____

4. 他家住在哪儿？
   tā jiā zhù zài nǎr
   _____

## 18 Write a few sentences about each picture.

今年是二〇〇六年。

今天七月二十八日。

My name is Wang Yue.

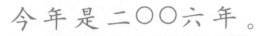

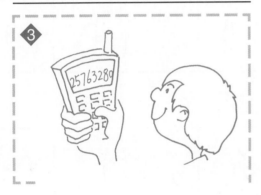

## Lesson 8    Self-introduction  自我介绍

**1** Copy the radicals.

| | | | | | | | |
|---|---|---|---|---|---|---|---|
| ╱  ╱  亻 | | | | | | | |
| two people | 亻 | 亻 | 亻 | 亻 | 亻 | 亻亻 | 亻 |
| ╵  冂  巾 | | | | | | | |
| napkin | 巾 | 巾 | 巾 | 巾 | 巾 | 巾 | 巾 |
| ╱  犭  犭 | | | | | | | |
| animal | 犭 | 犭 | 犭 | 犭 | 犭 | 犭 | 犭 |
| 一  厂  厂  雨  雨  雨  雨  雨 | | | | | | | |
| rain | 雨 | 雨 | 雨 | 雨 | 雨 | 雨 | 雨 |
| ╵  丷  灬  灬 | | | | | | | |
| heat | 灬 | 灬 | 灬 | 灬 | 灬 | 灬 | 灬 |
| ╵  刂 | | | | | | | |
| long knife | 刂 | 刂 | 刂 | 刂 | 刂 | 刂 | 刂 |

| 丶 丶 氵 氵 沪 沪 没 | | | | | | |
|---|---|---|---|---|---|---|
| méi<br><br>no | 没 | 没 | 没 | 没 | 没 | 没 |
| 丶 口 口 尸 兄 | | | | | | |
| xiōng<br><br>elder brother | 兄 | 兄 | 兄 | 兄 | 兄 | 兄 |
| 丶 口 口 中 | | | | | | |
| zhōng<br><br>middle | 中 | 中 | 中 | 中 | 中 | 中 |
| 丶 丶 丷 丷 兴 学 学 学 | | | | | | |
| xué<br><br>study | 学 | 学 | 学 | 学 | | |
| 丨 卜 上 | | | | | | |
| shàng<br><br>up; go to; get on | 上 | 上 | 上 | 上 | | |
| 乙 纟 纟 纟 级 级 | | | | | | |
| jí<br><br>grade | 级 | 级 | 级 | 级 | | |

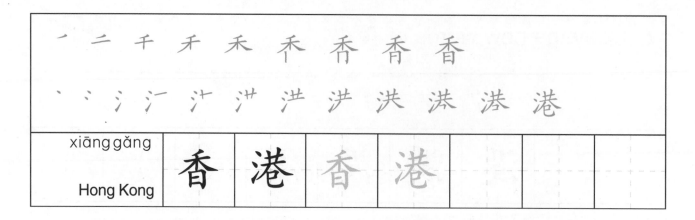

| xiāng gǎng | 香 | 港 | 香 | 港 | | | |
|---|---|---|---|---|---|---|---|
| Hong Kong | | | | | | | |

**3** Count the strokes of each character.

1. 那 (nà) ___
2. 谁 (shuí) ___
3. 上 (shàng) ___
4. 兄 (xiōng) ___

5. 没 (méi) ___
6. 中 (zhōng) ___
7. 学 (xué) ___
8. 级 (jí) ___

**4** Highlight the sentences.

| 你 | 家 | 有 | 几 | 口 | 人？ |
|---|---|---|---|---|---|
| 他 | 住 | 在 | 北 | 京。 | 电 |
| 叫 | 名 | 在 | 谁 | 星 | 话 |
| 王 | 字 | 是 | 哪 | 期 | 号 |
| 星。 | 他 | 九 | 岁。 | 儿？ | 码 |

74

Write the characters and meaning of each phrase.

1.
| nà | ge | rén |
|---|---|---|
| 那 | 个 | 人 |

that person

2.
| zhōng | xué | shēng |
|---|---|---|
| 中 | 学 | 生 |

~~Chinese student of Chinese~~
seconday school student

3.
| zhè | ge | rén |
|---|---|---|
| | | |

4.
| xiōng | dì | jiě | mèi |
|---|---|---|---|
| | | | |

5.
| méi | yǒu |
|---|---|
| | |

6.
| nián | jí |
|---|---|
| | |

7.
| nǎr |
|---|
| |

Rearrange the words/phrases to form a sentence.

1. 出生 / 他 / 一九九四年。
   chū shēng   tā   yī jiǔ jiǔ sì nián

   →_____

2. 兄弟 / 姐妹 / 没有 / 她。
   xiōng dì   jiě mèi   méi yǒu   tā

   →_____

3. 小学生 / 是 / 他 / 弟弟。
   xiǎo xué shēng   shì   tā   dì di

   →_____

4. 上 / 七年级 / 今年 / 我。
   shàng   qī nián jí   jīn nián   wǒ

   →_____

75

## 7 Describe each figure in Chinese.

1 _____

_____

2 _____

_____

3 _____

_____

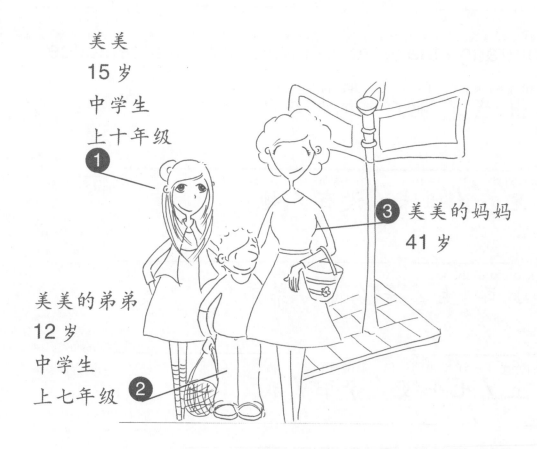

美美
15 岁
中学生
上十年级
1

美美的弟弟
12 岁
中学生
上七年级
2

3 美美的妈妈
41 岁

## 8 Answer the questions.

nǐ jiào shén me míng zi
1. 你叫什么名字？

_____

nǐ jiā yǒu jǐ kǒu rén
2. 你家有几口人？

_____

nǐ yǒu xiōng dì jiě mèi ma
3. 你有兄弟姐妹吗？

_____

nǐ de shēng rì shì jǐ yuè jǐ hào
4. 你的生日是几月几号？

_____

nǐ jīn nián duō dà le
5. 你今年多大了？

_____

nǐ jiā zhù zài nǎr
6. 你家住在哪儿？

_____

## 9 Find the pinyin and meaning of each character in the dictionary.

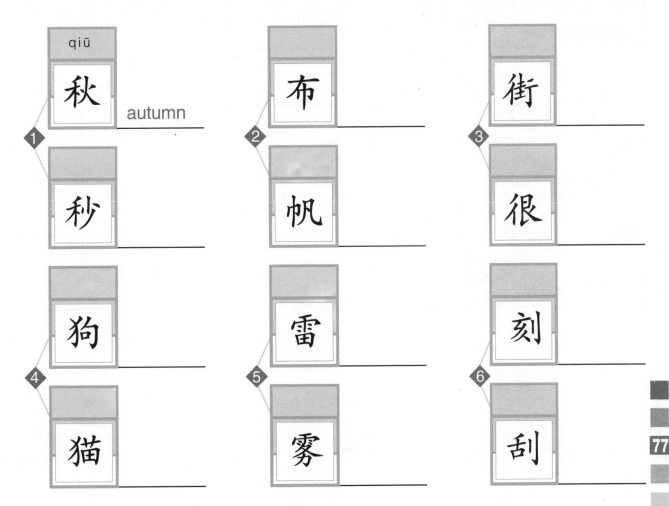

qiū
1. 秋 ___ autumn
   秒 _____

2. 布 _____
   帆 _____

3. 街 _____
   很 _____

4. 狗 _____
   猫 _____

5. 雷 _____
   雾 _____

6. 刻 _____
   刮 _____

77

**10** Copy the new words of Text 2.

| | | | | | | | |
|---|---|---|---|---|---|---|---|
| 丨 冂 冂 口 叮 吗 吗 | | | | | | | |
| **ma**<br>question particle | 吗 | 吗 | 吗 | 吗 | | | |
| 一 丆 丆 不 | | | | | | | |
| **bù**<br>not; no | 不 | 不 | 不 | 不 | | | |
| 丨 冂 冂 口 叮 口 呎 呢 呢 | | | | | | | |
| **ne**<br>question particle | 呢 | 呢 | 呢 | 呢 | | | |
| 丶 丷 丷 兰 半 | | | | | | | |
| **bàn**<br>half | 半 | 半 | 半 | 半 | | | |
| 丨 冂 冂 冃 冃 国 国 国 | | | | | | | |
| **guó**<br>country | 国 | 国 | 国 | 国 | | | |

## 11 Write the meaning of each radical.

1. 彳: _____  2. 巾: _____  3. 犭: _____

4. 灬: _____  5. 讠: _____  6. 白: _____

## 12 Complete the dialogues.

1. A: jīn tiān shì wǔ yuè yī rì ma
   今天是五月一日吗？  B: _____

2. A: jīn tiān shì nǐ de shēng rì ma
   今天是你的生日吗？  B: _____

3. A: nǐ yǒu jiě jie ma
   你有姐姐吗？  B: _____

4. A: nǐ jiā zhù zài běi jīng ma
   你家住在北京吗？  B: _____

## 13 Fill in the blanks with the words/phrases in the box.

1. nǐ jiā zhù zài
   你家住在 _____ ？

2. nǐ jiā yǒu
   你家有 _____ ？

3. tā bà ba shì        guó rén
   他爸爸是 _____ 国人？

4. tā shàng        nián jí
   他上 _____ 年级？

5. tā jiā yǒu        kǒu rén
   她家有 _____ 口人？

6. nǐ jiā de diàn huà hào mǎ shì
   你家的电话号码是 _____ ？

| jǐ |
|---|
| 几 |
| duō shao |
| 多少 |
| shuí |
| 谁 |
| nǎr |
| 哪儿 |
| nǎ |
| 哪 |

79

## 14 Write the meaning of each phrase.

1 生 shēng
- chū shēng 出 生 _____
- xué sheng 学 生 _____
- shēng rì 生 日 _____

2 学 xué
- dà xué shēng 大 学 生 _____
- zhōng xué shēng 中 学 生 _____
- xiǎo xué shēng 小 学 生 _____

3 人 rén
- rén kǒu 人 口 _____
- dà rén 大 人 _____
- hǎo rén 好 人 _____

4 天 tiān
- jīn tiān 今 天 _____
- zuó tiān 昨 天 _____
- míng tiān 明 天 _____

5 儿 ér
- zhèr 这 儿 _____
- nàr 那 儿 _____
- nǎr 哪 儿 _____

6 家 jiā
- jiā rén 家 人 _____
- yì jiā rén 一 家 人 _____
- dà jiā 大 家 _____

## 15 Write the radicals.

1 和 _____
2 差 _____
3 国 _____
4 师 _____
5 刻 _____
6 独 _____

## 16 Essay writing. Write about yourself.

**Guided questions：**

nǐ jiào shén me míng zi
1. 你叫什么名字？

nǐ shàng jǐ nián jí
2. 你上几年级？

nǐ jiā yǒu jǐ kǒu rén  yǒu shuí
3. 你家有几口人？有谁？

nǐ jiā zhù zài nǎr
4. 你家住在哪儿？

nǐ jīn nián duō dà le
5. 你今年多大了？

nǐ de shēng rì shì jǐ yuè jǐ hào
6. 你的生日是几月几号？

nǐ shì nǎ guó rén
7. 你是哪国人？

nǐ jiā de diàn huà hào mǎ shì duō shao
8. 你家的电话号码是多少？

_____

_____

_____

_____

## 17 Circle the odd ones.

jīn nián    zuó tiān    (nǐ hǎo)
1. 今年    昨天    你好

diàn huà    zhōng xué    xué sheng
2. 电话    中学    学生

shén me    míng zi    duō shao
3. 什么    名字    多少

hé    yǒu    zhù
4. 和    有    住

ne    ma    jiào
5. 呢    吗    叫

kǒu    shì    gè
6. 口    是    个

# Unit 3

**1** Copy the radicals.

| | | | | | | | |
|---|---|---|---|---|---|---|---|
| 、 一 广 | | | | | | | |
| **shelter** | 广 | 广 | 广 | 广 | | | |
| ノ 亽 仝 | | | | | | | |
| **food** | 仝 | 仝 | 仝 | 仝 | | | |
| 、 一 亠 方 | | | | | | | |
| **square** | 方 | 方 | 方 | 方 | | | |
| 丨 冂 冃 月 目 | | | | | | | |
| **eye** | 目 | 目 | 目 | 目 | | | |
| 一 十 才 木 | | | | | | | |
| **wood** | 木 | 木 | 木 | 木 | | | |
| 、 丨 口 口 卩 卩 㐂 足 | | | | | | | |
| **foot** | 足 | 足 | 足 | 足 | | | |

| 一 丁 工 | | | | | | |
|---|---|---|---|---|---|---|
| gōng<br><br>work | 工 | 工 | 工 | 工 | | | |

| ノ 亻 亻 作 作 作 作 | | | | | | |
|---|---|---|---|---|---|---|
| zuò<br><br>do; make | 作 | 作 | 作 | 作 | | | |

| 乛 力 也 | | | | | | |
|---|---|---|---|---|---|---|
| yě<br><br>also | 也 | 也 | 也 | 也 | | | |

| ノ ク 彳 彳 彳 律 律 律 | | | | | | |
|---|---|---|---|---|---|---|
| lǜ<br><br>law | 律 | 律 | 律 | 律 | | | |

| ﾉ 丿 リ 广 厂 师 师 | | | | | | |
|---|---|---|---|---|---|---|
| shī<br><br>teacher; master | 师 | 师 | 师 | 师 | | | |

| 一 十 土 耂 耂 老 | | | | | | |
|---|---|---|---|---|---|---|
| lǎo<br><br>old; experienced | 老 | 老 | 老 | 老 | | | |

| ノ | イ | 仆 | 们 | 们 | | | |
|---|---|---|---|---|---|---|---|
| men<br>plural suffix | 们 | 们 | 们 | 们 | | | |
| 丨 | 卜 | 上 | 丶 | 氵 | 汁 | 汁 | 海 海 海 海 |
| shànghǎi<br>Shanghai | 上 海 | 上 海 | | | | | |

## 3 Count the strokes of each character.

bàn
1. 半 ___

guó
2. 国 ___

yě
3. 也 ___

gōng
4. 工 ___

zuò
5. 作 ___

lǎo
6. 老 ___

lǜ
7. 律 ___

shī
8. 师 ___

## 4 Write the characters.

yí   bàn
1. 一 半

zhōng   guó
2. 

nián   jí
3. 

bú   shì
4. 

méi   yǒu
5. 

zhè   ge
6. 

## 5 Write the meaning of each phrase.

jiě mèi
1. 姐妹 _____

gōng zuò
3. 工作 _____

lǜ shī
2. 律师 _____

lǎo shī
4. 老师 _____

## 6 Write the radicals.

1 路 ___

2 床 ___

3 放 ___

4 棕 ___

5 饭 ___

6 睡 ___

## 7 Match the two parts to form a sentence.

___ 1 tā bà ba shì měi guó rén
他爸爸是美国人，

___ 2 tā gē ge shì dà xué shēng
她哥哥是大学生，

___ 3 tā shí èr suì
他十二岁，

___ 4 tā mā ma bù gōng zuò
他妈妈不工作，

___ 5 tā yǒu yí ge mèi mei
他有一个妹妹，

___ 6 tā jiě jie shì lǎo shī
他姐姐是老师，

a) wǒ gē ge yě shì dà xué shēng
我哥哥也是大学生。

b) wǒ bà ba yě shì měi guó rén
我爸爸也是美国人。

c) wǒ mā ma yě bù gōng zuò
我妈妈也不工作。

d) wǒ jiě jie yě shì lǎo shī
我姐姐也是老师。

e) wǒ yě shí èr suì
我也十二岁。

f) wǒ yě yǒu yí ge mèi mei
我也有一个妹妹。

## 8 Answer the questions.

1. nǐ yǒu xiōng dì ma
你有兄弟吗？ _____

2. nǐ mā ma gōng zuò ma
你妈妈工作吗？ _____

3. nǐ bà ba shì lǜ shī ma
你爸爸是律师吗？ _____

## 9 Write the meaning of each radical.

1. 广 : _____   2. 饣 : _____   3. 方 : _____   4. 目 : _____

5. 木 : _____   6. 足 : _____   7. 犭 : _____   8. 刂 : _____

## 10 Write a few sentences for each picture.

 1

美国人
30 岁

2

老师
28 岁

3

律师
35 岁

她是美国人。

她今年三十岁。

_____

_____

_____

_____

4

大学生
21 岁

5

中学生
15 岁

6

小学生
9 岁

_____

_____

_____

_____

_____

_____

## 11 Rearrange the words/phrases to form a sentence.

1. bú shì / tā bà ba / lǎo shī
   不是 / 他爸爸 / 老师。 → _____

2. zài / shàng hǎi / tā gē ge / gōng zuò
   在 / 上海 / 她哥哥 / 工作。 → _____

3. zhù / tā men / zài / shàng hǎi
   住 / 他们 / 在 / 上海。 → _____

4. tā dì di / shàng / qī nián jí
   他弟弟 / 上 / 七年级。 → _____

5. wǔ kǒu rén / tā jiā / yǒu
   五口人 / 她家 / 有。 → _____

6. méi yǒu / tā / xiōng dì / jiě mèi
   没有 / 他 / 兄弟 / 姐妹。 → _____

## 12 Write the pinyin for each word/phrase.

1. nǎr
   哪儿

2. 律师

3. 学生

4. 老师

5. 不是

6. 工作

7. 一家人

8. 谁

## 13 Translate from English to Chinese.

His father works. His mother does not work. His whole family lives in Shanghai.

_____

_____

_____

Copy the new words of Text 2.

| | | | | | | | |
|---|---|---|---|---|---|---|---|
| ノ 犭 犭 犭 犭 犭 独 独 独 | | | | | | | |
| dú<br>single; only | 独 | 独 | 独 | 独 | | | |
| く 夕 女 | | | | | | | |
| nǚ<br>female; daughter | 女 | 女 | 女 | 女 | | | |
| ⁊ 了 子 | | | | | | | |
| zǐ<br>son; child | 子 | 子 | 子 | 子 | | | |
| 、 亠 亠 亠 产 产 产 商 商 商 | | | | | | | |
| shāng<br>business | 商 | 商 | 商 | 商 | | | |
| ノ 亻 亻 什 什 什 估 估 做 做 做 | | | | | | | |
| zuò<br>make; do | 做 | 做 | 做 | 做 | | | |
| ノ 二 千 禾 禾 禾 私 私 秘 秘 | | | | | | | |
| mì<br>secret | 秘 | 秘 | 秘 | 秘 | | | |

| | 乛 乛 书 书 | | | | | | | |
|---|---|---|---|---|---|---|---|---|
| shū | 书 | 书 | 书 | 书 | | | |
| book | | | | | | | |

**15** Write the meaning of each phrase.

dú shēng nǚ
1. 独 生 女 _____

dú shēng zǐ
5. 独 生 子 _____

shāng rén
2. 商 人 _____

mì shū
6. 秘 书 _____

gōng zuò
3. 工 作 _____

zhōng xué shēng
7. 中 学 生 _____

lǜ shī
4. 律 师 _____

lǎo shī
8. 老 师 _____

**16** Draw the structure of each character.

zuò
1. 做 → ☐

dú
2. 独 → ☐

mì
3. 秘 → ☐

nín
4. 您 → ☐

lǎo
5. 老 → ☐

shī
6. 师 → ☐

shuí
7. 谁 → ☐

nǎ
8. 哪 → ☐

bà
9. 爸 → ☐

**17** Find five characters which have the radical "亻".

亻: 住 ___ ___ ___ ___ ___

# 18 Write a phrase about each picture.

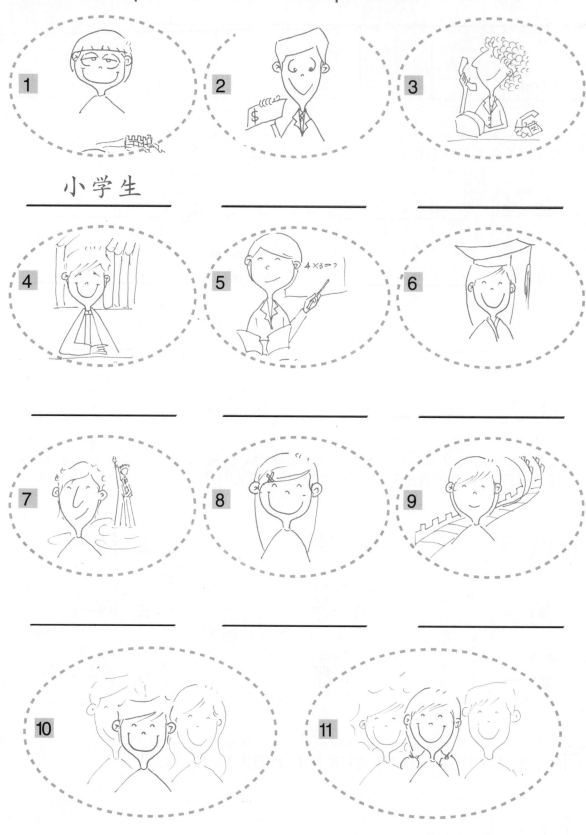

小学生

_____    _____    _____

_____    _____    _____

_____    _____    _____

_____    _____

## 19 Fill in the blanks with missing words to form phrases.

1. 独 dú ☐ / 女 nǚ
2. 秘 mì ☐
3. ☐ / 人 rén
4. ☐ / 师 shī
5. 工 gōng ☐
6. 学 xué ☐
7. 年 nián ☐
8. 电 diàn ☐
9. ☐ / 期 qī
10. ☐ / 天 tiān
11. 号 hào ☐
12. 中 zhōng ☐

## 20 Reading comprehension.

**Answer the questions:**

1. wáng hé jiā zhù zài nǎr
   王 和 家 住 在 哪 儿 ?

   _____

2. tā bà ba、mā ma zuò shén me gōng zuò
   他 爸 爸、妈 妈 做 什 么 工 作?

   _____

3. tā gē ge zài nǎr shàng dà xué
   他 哥 哥 在 哪 儿 上 大 学?

   _____

4. wáng hé jīn nián shàng jǐ nián jí
   王 和 今 年 上 几 年 级?

   _____

*It is your turn!*

Write a similar introduction of your family.

nǐ hǎo wǒ jiào wáng hé wǒ jīn
你好！我 叫 王 和。我 今
nián shí èr suì wǒ shì zhōng guó rén
年 十 二 岁。我 是 中 国 人。
wǒ men yì jiā rén zhù zài shàng hǎi
我 们 一 家 人 住 在 上 海。
wǒ jiā yǒu wǔ kǒu rén bà ba mā
我 家 有 五 口 人：爸 爸、妈
ma gē ge mèi mei hé wǒ wǒ bà
妈、哥 哥、妹 妹 和 我。我 爸
ba shì zhōng xué lǎo shī wǒ mā ma
爸 是 中 学 老 师，我 妈 妈
shì xiǎo xué lǎo shī wǒ gē ge shì
是 小 学 老 师。我 哥 哥 是
dà xué shēng zài měi guó shàng dà
大 学 生，在 美 国 上 大
xué wǒ mèi mei shì xiǎo xué shēng
学。我 妹 妹 是 小 学 生，
shàng wǔ nián jí wǒ shì zhōng xué
上 五 年 级。我 是 中 学
shēng shàng bā nián jí
生，上 八 年 级。

# Unit 3   Revision

**1** **Family members.**

bà ba　mā ma　gē ge　jiě jie　dì di　mèi mei　xiōng dì jiě mèi
爸爸　妈妈　哥哥　姐姐　弟弟　妹妹　兄弟姐妹

dú shēng zǐ　dú shēng nǚ
独生子　独生女

**2** **Measure word.**

kǒu　gè
口　个

**3** **Verbs.**

méi yǒu　shàng　zhù　bú shì　gōng zuò　zuò
(没)有　上　住　(不)是　工作　做

**4** **Question words/particles.**

shuí　jǐ kǒu rén　jǐ nián jí　nǎ guó rén　ma　ne
谁　几口人　几年级　哪国人　吗　呢

**5** **Occupations.**

lǜ shī　lǎo shī　shāng rén　mì shū
律师　老师　商人　秘书

**6** **Radicals.**

1. 禾 父 辶 氵 羊(羊) 口

2. 彳 巾 犭 雨 灬 刂

3. 广 饣 方 目 木 昆

# 7 Questions and answers.

1.  nǐ jiā yǒu jǐ kǒu rén
    你家有几口人？
    wǒ jiā yǒu wǔ kǒu rén
    我家有五口人。

2.  nǐ jiā yǒu shuí
    你家有谁？
    bà ba mā ma gē ge mèi mei hé wǒ
    爸爸、妈妈、哥哥、妹妹和我。

3.  nǐ yǒu xiōng dì jiě mèi ma
    你有兄弟姐妹吗？
    yǒu wǒ yǒu yí ge dì di
    有。我有一个弟弟。

4.  zhè ge rén shì shuí
    这个人是谁？
    tā shì wǒ gē ge
    他是我哥哥。

5.  nà ge rén shì shuí
    那个人是谁？
    tā shì wǒ mèi mei
    她是我妹妹。

6.  nǐ shì zhōng xué shēng ma
    你是中学生吗？
    shì
    是。

7.  nǐ jīn nián shàng jǐ nián jí
    你今年上几年级？
    qī nián jí
    七年级。

8.  nǐ bà ba gōng zuò ma
    你爸爸工作吗？
    gōng zuò
    工作。

9.  nǐ bà ba zuò shén me gōng zuò
    你爸爸做什么工作？
    tā shì lǎo shī
    他是老师。

10. wǒ jiào xiǎo yuè nǐ ne
    我叫小月。你呢？
    wǒ jiào xiǎo tiān
    我叫小天。

11. nǐ shì nǎ guó rén
    你是哪国人？
    wǒ yí bàn shì zhōng guó rén
    我一半是中国人，
    yí bàn shì yīng guó rén
    一半是英国人。

93

# Unit 3 Test

## 1 Draw the structure of each character.

1. 爸 → [  ]  2. 妈 → [  ]  3. 做 → [  ]

4. 这 → [  ]  5. 没 → [  ]  6. 国 → [  ]

## 2 Put tonal marks on the right positions.

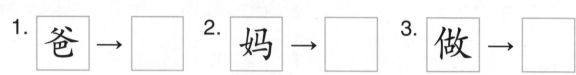

1 ___ yue ___ (4th tone)  2 ___ wen ___ (1st tone)  3 ___ mei ___ (3rd tone)  4 ___ shui ___ (2nd tone)

5 ___ lao ___ (3rd tone)  6 ___ zou ___ (3rd tone)  7 ___ jiu ___ (4th tone)  8 ___ cai ___ (2nd tone)

## 3 Find the missing word in the box to form a phrase.

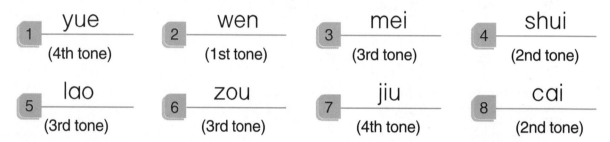

1. 没____  2. 兄____  3. ____妹

4. ____级  5. 学____  6. ____作

7. 律____  8. 中____  9. 哪____

姐 弟 年
工 有 生
儿 师 国

## 4 Write the meaning of each radical.

1. 氵:____  2. 亻:____  3. 雨:____  4. 羊:____

5. 灬:____  6. 刂:____  7. 广:____  8. 饣:____

9. 方:____  10. 目:____  11. 木:____  12. 足:____

**5** Find the radical and write its meaning.

1. 和 ☐          2. 爸 ☐          3. 这 ☐

4. 国 ☐          5. 师 ☐          6. 独 ☐

7. 谁 ☐          8. 那 ☐          9. 级 ☐

**6** Answer the questions in Chinese.

1. 你家有几口人？ _____

2. 你有兄弟姐妹吗？ _____

3. 你家有谁？ _____

4. 你是中学生吗？ _____

5. 你今年上几年级？ _____

6. 你是哪国人？ _____

7. 你爸爸工作吗？ _____

8. 你爸爸做什么工作？ _____

**7** Match the question with the answer.

___  **1** 你今年上几年级？　　a) 不是。

___  **2** 你是中学生吗？　　　b) 不工作。

___  **3** 你有兄弟姐妹吗？　　c) 他是律师。

___  **4** 你妈妈工作吗？　　　d) 九年级。

___  **5** 你爸爸做什么工作？　e) 中国人。

___  **6** 你是哪国人？　　　　f) 没有，我是独生子。

**8** Rearrange the words/phrases to form a sentence.

1. 有／五口人／我家。→ _____

2. 中学生／是／不／他。→ _____

3. 上／今年／我／十年级。→ _____

4. 她／也／妈妈／工作。→ _____

5. 是／我爸爸／商人。→ _____

6. 有／妹妹／和／我／弟弟。→ _____

**9** Fill in the blanks with missing words.

1. 她家有六 ☐ 人。

2. 他有三 ☐ 兄弟姐妹。

3. 我家 ☐ 爸爸、妈妈、姐姐、弟弟 ☐ 我。

4. 我爸爸工 ☐ ，我妈妈 ☐ 工作。

5. 姐姐今 ☐ 上十三 ☐ 级。

6. 我 ☐ 一家人住 ☐ 上海。

**10** Essay writing.

Write a paragraph about yourself. Your essay should include:

a) whom you have got in your family

b) whether or not you are the only child in your family

c) which grade you are in this year

d) your nationality

e) your parents' occupations

# Unit 4

**1** Copy the radicals.

| 一 十 士 | | | | | | | |
|---|---|---|---|---|---|---|---|
| soil | 士 | 士 | 士 | 士 | | | |

| フ 又 | | | | | | | |
|---|---|---|---|---|---|---|---|
| again | 又 | 又 | 又 | 又 | | | |

| ノ ケ | | | | | | | |
|---|---|---|---|---|---|---|---|
| (刀) folding knife | ケ | ケ | ケ | ケ | | | |

| 、 ソ ソ 半 米 米 | | | | | | | |
|---|---|---|---|---|---|---|---|
| rice | 米 | 米 | 米 | 米 | | | |

| ノ ケ 彡 | | | | | | | |
|---|---|---|---|---|---|---|---|
| ornament | 彡 | 彡 | 彡 | 彡 | | | |

| 、 ラ オ オ 衤 | | | | | | | |
|---|---|---|---|---|---|---|---|
| clothing | 衤 | 衤 | 衤 | 衤 | | | |

98

## 2 Copy the new words of Text 1.

| | | | | | | | |
|---|---|---|---|---|---|---|---|
| 丨 卜 上 占 占 点 点 点 点 | | | | | | | |

| diǎn<br><br>o'clock | 点 | 点 | 点 | 点 | | | |
|---|---|---|---|---|---|---|---|

| 一 厂 厂 帀 帀 帀 帀 帀 零 零 零 零 零 | | | | | | | |
|---|---|---|---|---|---|---|---|

| líng<br><br>zero | 零 | 零 | 零 | 零 | | | |
|---|---|---|---|---|---|---|---|

| 丿 八 分 分 | | | | | | | |
|---|---|---|---|---|---|---|---|

| fēn<br><br>minute | 分 | 分 | 分 | 分 | | | |
|---|---|---|---|---|---|---|---|

| 丶 二 亡 亥 亥 亥 刻 刻 | | | | | | | |
|---|---|---|---|---|---|---|---|

| kè<br><br>quarter<br>(of an hour) | 刻 | 刻 | 刻 | 刻 | | | |
|---|---|---|---|---|---|---|---|

| 一 厂 厂 厅 丙 丙 两 两 | | | | | | | |
|---|---|---|---|---|---|---|---|

| liǎng<br><br>two | 两 | 两 | 两 | 两 | | | |
|---|---|---|---|---|---|---|---|

## 3 Circle the four-stroke characters.

| shēng | yuè | nián | bàn | fēn | shǎo | jīn | wáng | nǚ |
|---|---|---|---|---|---|---|---|---|
| 生 | (月) | 年 | 半 | 分 | 少 | 今 | 王 | 女 |

## 4 Put the hands on the clock faces.

 1
 2
 3
 4

liù diǎn
六点

qī diǎn líng wǔ fēn
七点零五分

yī diǎn yí kè
一点一刻

jiǔ diǎn bàn
九点半

 5
 6
 7

shí yī diǎn sān kè
十一点三刻

liǎng diǎn èr shí fēn
两点二十分

sì diǎn wǔ shí wǔ fēn
四点五十五分

## 5 Match the question with the answer.

1
nǐ jiào shén me míng zi
你叫什么名字？

2
nǐ de shēng rì shì jǐ yuè jǐ hào
你的生日是几月几号？

3
nǐ jīn nián duō dà le
你今年多大了？

4
nǐ jiā yǒu jǐ kǒu rén
你家有几口人？

5
nǐ shì nǎ guó rén
你是哪国人？

6
nǐ mā ma gōng zuò ma
你妈妈工作吗？

7
nǐ bà ba zuò shén me gōng zuò
你爸爸做什么工作？

a)
shí èr suì
十二岁。

b)
wǔ kǒu rén
五口人。

c)
wǒ jiào wáng tiān yī
我叫王天一。

d)
tā shì shāng rén
他是商人。

e)
tā bù gōng zuò
她不工作。

f)
sì yuè shí bā rì
四月十八日。

g)
wǒ shì zhōng guó rén
我是中国人。

**6** Circle the phrases and write them down.

| | | | | | |
|---|---|---|---|---|---|
| 年 | 级 | 商 | 工 | 爸 | 爸 |
| 秘 | 书 | 电 | 人 | 哪 | 儿 |
| 不 | 是 | 话 | 独 | 中 | 美 |
| 小 | 上 | 号 | 生 | 妈 | 国 |
| 姐 | 学 | 码 | 女 | 妈 | 家 |
| 姐 | 出 | 生 | 日 | 什 | 么 |

◆1 _____        ◆7 _____

◆2 _____        ◆8 _____

◆3 _____        ◆9 _____

◆4 _____        ◆10 _____

◆5 _____        ◆11 _____

◆6 _____        ◆12 _____

**7** Write the time in Chinese.

九点
_____

_____

**8** Find one or two characters for each radical.

1. 亻：你 ___ ___    2. 宀：___ ___    3. 口：___ ___

4. 禾：___ ___    5. 日：___ ___    6. 女：___ ___

7. 刂：___    8. 雨：___    9. 犭：___    10. 彳：___

**9** Write the pinyin for each word/phrase.

1. | 工 | 作 |
|---|---|

2. | 商 | 人 |
|---|---|

3. | 独 | 生 | 女 |
|---|---|---|

4. | 秘 | 书 |
|---|---|

5. | 律 | 师 |
|---|---|

6. | 电 | 话 | 号 | 码 |
|---|---|---|---|

7. | 两 | 点 |
|---|---|

8. | 星 | 期 |
|---|---|

9. | 兄 | 弟 | 姐 | 妹 |
|---|---|---|---|

**10** Make a question by adding a few words.

nǐ jiā　jǐ
1. 你家　几
你家有几口人？

diàn huà　duō shao
2. 电话　多少
_____

zhù　nǎr
3. 住　哪儿
_____

tā jiā　shuí
4. 他家　谁
_____

tā mā ma　ma
5. 她妈妈　吗
_____

## *11* Copy the new words of Text 2.

| | | | | | | |
|---|---|---|---|---|---|---|
| 一 二 ｆ 王 玑 玗 玥 现 | | | | | | |
| xiàn<br><br>present | 现 | 现 | 现 | 现 | | |
| 一 二 ≠ 主 丰 表 耒 表 | | | | | | |
| biǎo<br><br>watch | 表 | 表 | 表 | 表 | | |
| ` ` ᵛ ⸝ 兰 羊 差 差 差 | | | | | | |
| chà<br><br>fall short of | 差 | 差 | 差 | 差 | | |

## *12* Write the time in Chinese.

_____

_____

## 13 Complete the dialogues.

1. A: _____

   B: 我叫大明。
   wǒ jiào dà míng

2. A: _____

   B: 我家有四口人。
   wǒ jiā yǒu sì kǒu rén

3. A: _____

   B: 我今年 上 六年级。
   wǒ jīn nián shàng liù nián jí

4. A: _____

   B: 我妈妈不工作。
   wǒ mā ma bù gōng zuò

5. A: _____

   B: 我是美国人。
   wǒ shì měi guó rén

6. A: _____

   B: 我爸爸是老师。
   wǒ bà ba shì lǎo shī

7. A: _____

   B: 我是独生子。
   wǒ shì dú shēng zǐ

8. A: _____

   B: 差一刻六点。
   chà yí kè liù diǎn

## 14 Write the dialogues in the bubbles.

## 15 Write the radicals.

 1. 地 _____

 2. 粉 _____

 3. 色 _____

 4. 影 _____

5. 友 _____

 6. 衬 _____

## 16 Reading comprehension.

wǒ jiào wáng shū wén　　wǒ jiā
我 叫 王 书 文。我 家

yǒu sì kǒu rén　　bà ba　　　mā
有 四 口 人：爸 爸、妈

ma、　gē ge hé wǒ　　wǒ bà ba
妈、哥 哥 和 我。我 爸 爸

shì zhōng guó rén　　wǒ mā ma
是 中 国 人，我 妈 妈

shì měi guó rén　wǒ yí bàn　shì
是 美 国 人。我 一 半 是

zhōng guó rén　　　yí bàn shì měi
中 国 人，一 半 是 美

guó rén　　wǒ jīn nián shí　èr
国 人。我 今 年 十 二

suì　shàng qī nián jí　　wǒ gē ge
岁，上 七 年 级。我 哥 哥

shí wǔ suì shàng shí nián jí
十 五 岁，上 十 年 级。

**Answer the questions:**

wáng shū wén jiā yǒu jǐ kǒu rén
1. 王 书 文 家 有 几 口 人？

_____

tā bà ba shì nǎ guó rén
2. 她 爸 爸 是 哪 国 人？

_____

tā mā ma shì zhōng guó rén ma
3. 她 妈 妈 是 中 国 人 吗？

_____

wáng shū wén jīn nián duō dà le
4. 王 书 文 今 年 多 大 了？
shàng jǐ nián jí
上 几 年 级？

_____

tā gē ge shì zhōng xué shēng ma
5. 她 哥 哥 是 中 学 生 吗？

_____

## 17 Translate from English to Chinese.

1. secondary school student

☐☐☐

2. grade nine

☐☐

3. only daughter

☐☐

4. a quarter past ten

☐☐☐☐

5. five minutes to six

☐☐☐☐☐

6. now

☐☐

## 18 Fill in the blanks with missing words to form phrases.

1. 不 bù ____    2. 学 xué ____    3. 哪 nǎ ____    4. 昨 zuó ____

5. 年 nián ____    6. ____ 见 jiàn    7. ____ 好 hǎo    8. 没 méi ____

9. ____ 师 shī    10. ____ 人 rén    11. 工 gōng ____    12. 现 xiàn ____

## 19 Write the time in Chinese.

1. What time do you get up?

_____

3. What time does your school finish?

_____

2. What time do you go to school?

_____

4. What time do you go to bed?

_____

Translate from English to Chinese.

1. What time is it now by your watch?

_____

2. Are you the only daughter in your family?

_____

3. Do you have any brothers or sisters?

_____

4. What is your home telephone number?

_____

5. Where does your family live?

_____

6. When is your birthday?

_____

**21** Fill in the missing words.

1. 他爸爸 ☐ 是律师。
tā bà ba ☐ shì lǜ shī

2. 我妈妈 ☐ 工作。
wǒ mā ma ☐ gōngzuò

3. 她今年 ☐ 八年级。
tā jīn nián ☐ bā nián jí

4. 现在 ☐ 十分七点。
xiàn zài ☐ shí fēn qī diǎn

5. 他们一家人住 ☐ 上海。
tā men yì jiā rén zhù ☐ shàng hǎi

6. 他 ☐ 生日是十月八日。
tā ☐ shēng rì shì shí yuè bā rì

**22** Write the meaning of each radical.

1. 土： _____
2. 又： _____
3. 夕： _____
4. 米： _____

5. 彡： _____
6. 礻： _____
7. 广： _____
8. 方： _____

# Unit 4

**1** Copy the radicals.

| | 、 ハ 宀 宀 穴 | | | | | | |
|---|---|---|---|---|---|---|---|
| cave | 穴 | 穴 | 穴 | 穴 | | | |
| | ノ ヒ ヒ 午 矢 | | | | | | |
| arrow | 矢 | 矢 | 矢 | 矢 | | | |
| | 一 丆 厂 厂 页 页 页 | | | | | | |
| page | 页 | 页 | 页 | 页 | | | |
| | 一 十 扌 | | | | | | |
| hand | 扌 | 扌 | 扌 | 扌 | | | |
| | 一 艹 艹 | | | | | | |
| grass | 艹 | 艹 | 艹 | 艹 | | | |
| | 一 十 土 土 丰 丰 走 走 | | | | | | |
| walk | 走 | 走 | 走 | 走 | | | |

## 2 Copy the new words of Text 1.

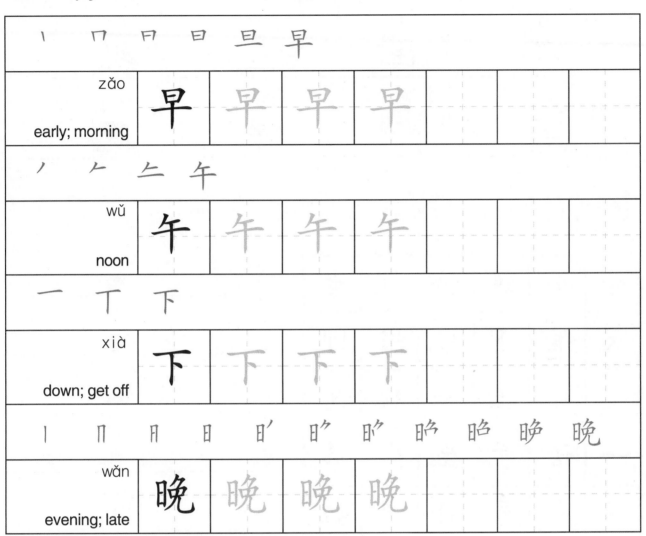

| | | | | | | | |
|---|---|---|---|---|---|---|---|
| 丶 冂 冃 日 旦 早 | | | | | | | |
| zǎo<br><br>early; morning | 早 | 早 | 早 | 早 | | | |
| 丿 乍 仁 午 | | | | | | | |
| wǔ<br><br>noon | 午 | 午 | 午 | 午 | | | |
| 一 丅 下 | | | | | | | |
| xià<br><br>down; get off | 下 | 下 | 下 | 下 | | | |
| 丨 冂 冃 日 日ノ 旷 旷 晰 昭 晔 晚 | | | | | | | |
| wǎn<br><br>evening; late | 晚 | 晚 | 晚 | 晚 | | | |

## 3 Write the time in Chinese.

① 03:45

三点四十五分

② 09:19

③ 12:30

④ 06:40

⑤ 02:05

⑥ 08:20

## 4 Count the strokes of each character.

1. líng 零 ____
2. zài 在 ____
3. chà 差 ____
4. xiàn 现 ____
5. xià 下 ____
6. wǔ 午 ____
7. zǎo 早 ____
8. wǎn 晚 ____

## 5 Circle the phrases and write them down.

| 今 | 年 | 级 | 秘 | 律 | 老 |
|---|---|---|---|---|---|
| 天 | 早 | 下 | 中 | 书 | 师 |
| 电 | 晚 | 上 | 午 | 独 | 兄 |
| 一 | 话 | 学 | 生 | 生 | 弟 |
| 家 | 商 | 号 | 日 | 子 | 姐 |
| 人 | 现 | 在 | 码 | 女 | 妹 |

1 _____  7 _____

2 _____  8 _____

3 _____  9 _____

4 _____  10 _____

5 _____  11 _____

6 _____  12 _____

## 6 Fill in the missing word(s) to form a complete question.

1. nǐ de biǎo 你的表 _____ le 了?

4. nǐ 你 _____ shàng jǐ nián jí 上几年级?

2. nǐ shì 你是 _____ ma 吗?

5. nǐ de 你的 _____ shì jǐ yuè jǐ hào 是几月几号?

3. nǐ mā ma 你妈妈 _____ ma 吗?

6. nǐ jiā 你家 _____ nǎr 哪儿?

110

 **Write the time in Chinese.**

| 1 | 07:30 |
|---|---|

早上七点半

| 2 | 12:00 |
|---|---|

_____

| 3 | 14:45 |
|---|---|

_____

| 4 | 20:10 |
|---|---|

_____

| 5 | 10:05 |
|---|---|

_____

| 6 | 06:30 |
|---|---|

_____

**8** **Write the radicals.**

 ① 拉 _____

 ② 短 _____

 ③ 穿 _____

 ④ 起 _____

 ⑤ 颜 _____

 ⑥ 英 _____

**9** **Circle the odd ones.**

| | diǎn | fēn | shū |
|---|---|---|---|
| 1. | 点 | 分 | (书) |

| | zǎo | wǔ | yě |
|---|---|---|---|
| 2. | 早 | 午 | 也 |

| | hào mǎ | shāng rén | mì shū |
|---|---|---|---|
| 3. | 号码 | 商人 | 秘书 |

| | diàn huà | lǎo shī | lǜ shī |
|---|---|---|---|
| 4. | 电话 | 老师 | 律师 |

111

## 10 Write the following in Chinese.

**1**
August 20
2006

二〇〇六年八月二十日
_____

**2**
October 1
Sunday

_____

**3**
April 14
Friday

_____

**4**
January 1
2000

_____

## 11 Find a character for each radical and write it down.

1. 刂: _____    2. 亻: _____    3. 目: _____    4. 日: _____

5. 犭: _____    6. 彳: _____    7. 巾: _____    8. 讠: _____

9. 氵: _____    10. 口: _____   11. 禾: _____   12. 夕: _____

## 12 Make up dialogues and write them down.

☆1

A: 现在几点?
B: 晚上七点半。

☆3

A: _____
B: _____

☆2

A: _____
B: _____

☆4

A: _____
B: _____

## 13 Write the radicals.

 ①

 ②

 ③

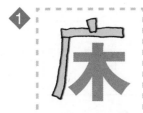 ④

⑤

 ⑥

| 一 | 十 | 土 | 圭 | 走 | 赴 | 走 | 起 | 起 | 起 |
|---|---|---|---|---|---|---|---|---|---|

| qǐ<br><br>get up | 起 | 起 | 起 | 起 | | | |
|---|---|---|---|---|---|---|---|

| 丶 | 宀 | 广 | 广 | 庀 | 床 | 床 |
|---|---|---|---|---|---|---|

| chuáng<br><br>bed | 床 | 床 | 床 | 床 | | | |
|---|---|---|---|---|---|---|---|

| 丨 | 丨 | 冂 | 口 | 叮 | 吃 | 吃 |
|---|---|---|---|---|---|---|

| chī<br><br>eat | 吃 | 吃 | 吃 | 吃 | | | |
|---|---|---|---|---|---|---|---|

| 丿 | 𠂉 | 饣 | 饣 | 饦 | 饤 | 饭 | 饭 |
|---|---|---|---|---|---|---|---|

| fàn<br><br>cooked rice; meal | 饭 | 饭 | 饭 | 饭 | | | |
|---|---|---|---|---|---|---|---|

| 一 | 十 | 土 | 去 | 去 |
|---|---|---|---|---|

| qù<br><br>go | 去 | 去 | 去 | 去 | | | |
|---|---|---|---|---|---|---|---|

| 丶 | 讠 | 讠 | 训 | 训 | 训 | 泹 | 评 | 课 | 课 |
|---|---|---|---|---|---|---|---|---|---|

| kè<br><br>class; period | 课 | 课 | 课 | 课 | | | |
|---|---|---|---|---|---|---|---|---|

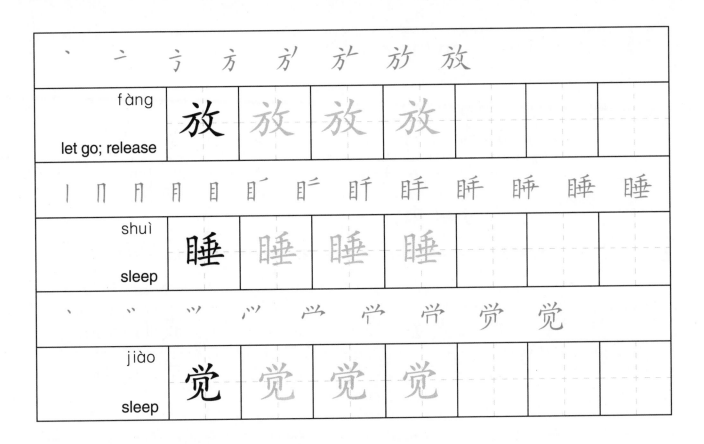

| | | | | | | | | |
|---|---|---|---|---|---|---|---|---|
| 丶 | 亠 | 二 | 亍 | 方 | 方' | 方" | 方攵 | 放 |
| fàng<br>let go; release | 放 | 放 | 放 | 放 | | | |
| 丨 | 冂 | 冂 | 月 | 目 | 目 | 盷 | 盷 | 盯 | 眭 | 眭 | 眭 | 睡 | 睡 |
| shuì<br>sleep | 睡 | 睡 | 睡 | 睡 | | | |
| 丶 | 丷 | 丷 | 丷 | 凵 | 凶 | 尚 | 觉 | 觉 |
| jiào<br>sleep | 觉 | 觉 | 觉 | 觉 | | | |

**15** Match the picture with the answer in the box.

**Answers**

a) 起床

b) 吃早饭

c) 上学

d) 上课

e) 放学

f) 睡觉

## 16 Put the hands on the clock faces.

**1**

wǒ měi tiān zǎo
我 每 天 早
shang liù diǎn wǔ shí
上 六 点 五 十
wǔ fēn qǐ chuáng
五 分 起 床。

**2**

wǒ qī diǎn chī
我 七 点 吃
zǎo fàn
早 饭。

**3**

wǒ bā diǎn qù
我 八 点 去
shàng xué
上 学。

**4**

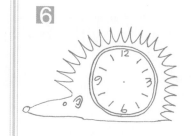

wǒ men bā diǎn
我 们 八 点
bàn shàng kè
半 上 课。

**5**

wǒ men xià wǔ
我 们 下 午
sān diǎn yí kè
三 点 一 刻
fàng xué
放 学。

**6**

wǒ wǎn shang shí
我 晚 上 十
diǎn shuì jiào
点 睡 觉。

## 17 Write the pinyin and meaning of each word/phrase.

1.
shàng xué
上 学
go to school

4.

放 学

2.
睡 觉

5.
上 课

3.
吃 饭

6.

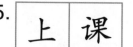

起 床

## 18 Complete the paragraph.

我 [ 早上七点起床 ]。我 [              ] chī zǎo fàn 吃早饭。

wǒ 我 [              ] qù shàng xué 去上学。 wǒ men 我们 [              ]

shàng kè 上课。 wǒ men xià wǔ 我们下午 [              ] fàng xué 放学。 wǒ 我 [              ]

shuì jiào 睡觉。

## 19 Circle the words which are not related to daily routine.

| 秘书 | 现在 | 吃饭 | 睡觉 | 律师 |
|---|---|---|---|---|
| 年级 | 起床 | 上课 | 早上 | 我们 |
| 放学 | 号码 | 上学 | 商人 | 晚上 |

## 20 Read the passage and make at least five questions.

wáng dà zhōng jīn nián shí èr suì
王大中今年十二岁，
shàng xiǎo xué liù nián jí    tā zǎo shang
上小学六年级。他早上
qī diǎn bàn qǐ chuáng  qī diǎn sān kè
七点半起床，七点三刻
chī zǎo fàn    tā bā diǎn yí kè shàng
吃早饭。他八点一刻上
xué    tā men bā diǎn bàn shàng kè
学。他们八点半上课。
tā men xià wǔ sì diǎn fàng xué    tā
他们下午四点放学。他
wǎn shang shí diǎn shuì jiào
晚上十点睡觉。

1. _____

2. _____

3. _____

4. _____

5. _____

*It is your turn!*

Introduce your daily routine.

117

# Unit 4

**1** Copy the radicals.

| | | | | | | | |
|---|---|---|---|---|---|---|---|
| ノ　ㄅ　夂　夂 | | | | | | | |
| writing | 夂 | 夂 | 夂 | 夂 | | | |
| ノ　ㄅ　夕　欠 | | | | | | | |
| owe | 欠 | 欠 | 欠 | 欠 | | | |
| 一　十　士 | | | | | | | |
| scholar | 士 | 士 | 士 | 士 | | | |
| 丶　冂　门 | | | | | | | |
| door | 门 | 门 | 门 | 门 | | | |
| ノ　ㅏ　ㅑ　ㅼ　竹　竹 | | | | | | | |
| bamboo | 竹 | 竹 | 竹 | 竹 | | | |
| ノ　ㅏ　上　乍　钅 | | | | | | | |
| metal | 钅 | 钅 | 钅 | 钅 | | | |

## 2 Copy the new words of Text 1.

| 一 二 干 开 | | | | | | |
|---|---|---|---|---|---|---|
| kāi<br>open; drive | 开 | 开 | 开 | 开 | | |

| 一 七 仁 车 | | | | | | |
|---|---|---|---|---|---|---|
| chē<br>vehicle | 车 | 车 | 车 | 车 | | |

| 一 二 于 王 王 刊 坼 班 班 | | | | | | |
|---|---|---|---|---|---|---|
| bān<br>shift | 班 | 班 | 班 | 班 | | |

| 一 十 土 キ キ 走 走 | | | | | | |
|---|---|---|---|---|---|---|
| zǒu<br>walk | 走 | 走 | 走 | 走 | | |

| 丶 丨 口 卩 卫 乊 굘 趵 趵 政 路 路 路 | | | | | | |
|---|---|---|---|---|---|---|
| lù<br>road | 路 | 路 | 路 | 路 | | |

| 丿 亻 仁 勹 每 每 每 | | | | | | |
|---|---|---|---|---|---|---|
| měi<br>every | 每 | 每 | 每 | 每 | | |

119

| | | | | | | | |
|---|---|---|---|---|---|---|---|
| ノ | 人 | 从 | 从 | 丛 | 坐 | 坐 | |

| zuò<br><br>sit; travel by<br>(bus, train, etc.) | 坐 | 坐 | 坐 | 坐 | | | |
|---|---|---|---|---|---|---|---|

| | | | | | | | | | | |
|---|---|---|---|---|---|---|---|---|---|---|
| 一 | 十 | 才 | 才 | 木 | 术 | 朴 | 杧 | 栌 | 杍 | 校 |

| xiào<br><br>school | 校 | 校 | 校 | 校 | | | |
|---|---|---|---|---|---|---|---|

## 3 Write the pinyin and meaning of each word/phrase.

1. 起 床 _____

2. 中 学 _____

3. 上 班 _____

4. 坐 车 _____

5. 电 话 _____

6. 号 码 _____

7. 校 车 _____

8. 每 天 _____

## 4 Add a verb to form a phrase.

1. ___ 床 (chuáng)  2. ___ 学 (xué)  3. ___ 车 (chē)  4. ___ 课 (kè)

5. ___ 觉 (jiào)  6. ___ 饭 (fàn)  7. ___ 路 (lù)  8. ___ 工作 (gōng zuò)

## 5 Rearrange the words/phrases to form a sentence.

1. 每天 / 妈妈 / 上班 / 走路。
   <u>měi tiān</u> <u>mā ma</u> <u>shàng bān</u> <u>zǒu lù</u>

   → _____

2. 爸爸 / 上班 / 开车 / 每天。
   <u>bà ba</u> <u>shàng bān</u> <u>kāi chē</u> <u>měi tiān</u>

   → _____

3. 坐 / 校车 / 哥哥 / 每天 / 上学。
   <u>zuò</u> <u>xiào chē</u> <u>gē ge</u> <u>měi tiān</u> <u>shàng xué</u>

   → _____

4. 弟弟 / 早上 / 七点 / 起床 / 每天。
   <u>dì di</u> <u>zǎo shang</u> <u>qī diǎn</u> <u>qǐ chuáng</u> <u>měi tiān</u>

   → _____

5. 姐姐 / 每天 / 睡觉 / 晚上 / 十点。
   <u>jiě jie</u> <u>měi tiān</u> <u>shuì jiào</u> <u>wǎn shang</u> <u>shí diǎn</u>

   → _____

## 6 Write the characters.

1. xià wǔ ☐☐
2. wǎn shang ☐☐
3. zǎo fàn ☐☐
4. shàng xué ☐☐

5. kāi chē ☐☐
6. měi tiān ☐☐
7. zǒu lù ☐☐
8. qǐ chuáng ☐☐

## 7 Find a character for each radical and write it down.

1. 日 : ___    2. 走 : ___    3. 王 : ___    4. 木 : ___

5. 足 : ___    6. 广 : ___    7. 讠 : ___    8. 方 : ___

121

| 每 | 今 | 明 | 月 | 学 | 开 |
|---|---|---|---|---|---|
| 昨 | 天 | 年 | 坐 | 校 | 车 |
| 起 | 床 | 早 | 上 | 晚 | 下 |
| 睡 | 觉 | 午 | 饭 | 班 | 去 |
| 商 | 工 | 秘 | 律 | 老 | 中 |
| 人 | 作 | 书 | 师 | 美 | 国 |

◆1 _____     ◆7 _____

◆2 _____     ◆8 _____

◆3 _____     ◆9 _____

◆4 _____     ◆10 _____

◆5 _____     ◆11 _____

◆6 _____     ◆12 _____

◆1
shàng bān
上班 _____
xià bān
下班 _____

◆2
shàng chē
上车 _____
xià chē
下车 _____

◆3
shàng xué
上学 _____
fàng xué
放学 _____

◆4
kāi chē
开车 _____
zuò chē
坐车 _____

◆5
wǔ fàn
午饭 _____
wǎn fàn
晚饭 _____

◆6
měi tiān
每天 _____
měi nián
每年 _____

◆7
xué sheng
学生 _____
xué xiào
学校 _____

◆8
míng nián
明年 _____
qù nián
去年 _____

◆9
wǒ men
我们 _____
nǐ men
你们 _____

# 10 Reading comprehension.

wǒ jiào wáng xiǎo tiān　jīn nián shí yī suì　shàng bā nián
我 叫 王 小 天 ，今 年 十 一 岁 ，上 八 年
jí　　wǒ jiā yǒu bà ba　　mā ma hé wǒ　wǒ méi yǒu xiōng
级 。我 家 有 爸 爸 、妈 妈 和 我 。我 没 有 兄
dì jiě mèi　　wǒ shì dú shēng nǚ　　wǒ bà ba gōng zuò
弟 姐 妹 ，我 是 独 生 女 。我 爸 爸 工 作 ，
wǒ mā ma bù gōng zuò　　wǒ bà ba měi tiān zǎo shang jiǔ
我 妈 妈 不 工 作 。我 爸 爸 每 天 早 上 九
diǎn shàng bān　　xià wǔ wǔ diǎn bàn xià bān　　tā kāi
点 上 班 ，下 午 五 点 半 下 班 。他 开
chē shàng bān　　wǒ měi tiān zǎo shang bā diǎn yí kè
车 上 班 。我 每 天 早 上 八 点 一 刻
shàng xué　　xià wǔ sān diǎn shí fēn fàng xué
上 学 ，下 午 三 点 十 分 放 学 。

## Answer the questions:

tā jiā yǒu jǐ kǒu rén
1. 她家有几口人？

tā bà ba měi tiān zǎo shang jǐ diǎn shàng bān
4. 她爸爸每天早 上几点上班？

_____

tā jīn nián duō dà le
2. 她今年多大了？

wáng xiǎo tiān zǎo shang jǐ diǎn shàng xué
5. 王小天早上几点上学？

_____

tā bà ba gōng zuò ma
3. 她爸爸工作吗？

wáng xiǎo tiān xià wǔ jǐ diǎn fàng xué
6. 王小天下午几点放学？

_____

# 11 Fill in the blanks with a missing word to form a phrase.

měi
1. 每 ___

xiào
2. 校 ___

zǒu
3. 走 ___

fàng
4. 放 ___

shuì
5. 睡 ___

tā
6. 他 ___

qǐ
7. 起 ___

zǎo
8. 早 ___

**Copy the new words of Text 2.**

| | | | | | | |
|---|---|---|---|---|---|---|
| ノ ⺅ 个 乍 乍 作 怎 怎 怎 | | | | | | |
| zěn / how | 怎 | 怎 | 怎 | 怎 | | |
| 丶 丷 少 火 | | | | | | |
| huǒ / fire | 火 | 火 | 火 | 火 | | |
| ノ 二 千 禾 禾 利 和 和 租 租 | | | | | | |
| zū / rent | 租 | 租 | 租 | 租 | | |
| ノ 八 公 公 | | | | | | |
| gōng / public | 公 | 公 | 公 | 公 | | |
| 一 十 卄 丗 共 共 | | | | | | |
| gòng / public; common | 共 | 共 | 共 | 共 | | |
| 丶 冫 氵 汇 汽 汽 汽 | | | | | | |
| qì / gas; steam | 汽 | 汽 | 汽 | 汽 | | |

| | | | | | | | |
|---|---|---|---|---|---|---|---|
| 一 | 十 | 土 | 圵 | 圳 | 地 | | |

| dì<br>ground | 地 | 地 | 地 | 地 | | | |
|---|---|---|---|---|---|---|---|

| | | | | | | | | | | |
|---|---|---|---|---|---|---|---|---|---|---|
| ノ | ト | ヒ | 乍 | 钅 | 钅 | 针 | 铒 | 铁 | 铁 |

| tiě<br>iron | 铁 | 铁 | 铁 | | | | |
|---|---|---|---|---|---|---|---|

## 13 Match the picture with the answer in the box.

1 ··· [ c ]  2 ··· [  ]  3 ··· [  ]

4 ··· [  ]  5 ··· [  ]  6 ··· [  ]

**Answers**

a) 火车

b) 电车

c) 校车

d) 地铁

e) 出租车

f) 公共汽车

## 14 Write the character and its pinyin.

1. sun  rì [ 日 ]   2. moon [  ]   3. big [  ]   4. small [  ]

5. sky [  ]   6. today [  ]   7. year [  ]   8. in; on [  ]

9. son [  ]   10. mouth [  ]   11. person [  ]   12. half [  ]

125

## 15 Write the radicals.

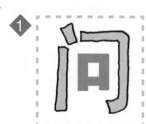

① 问 ___  ② 数 ___  ③ 等 ___

④ 喜 ___  ⑤ 铁 ___  ⑥ 欢 ___

## 16 Match the question with the answer.

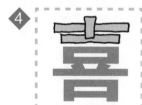

nǐ jiā yǒu jǐ kǒu rén
1 你家有几口人?

nǐ jiā yǒu shuí
2 你家有谁?

nǐ shì nǎ guó rén
3 你是哪国人?

nǐ bà ba zuò shén me gōng zuò
4 你爸爸做什么工作?

tā měi tiān zěn me shàng bān
5 他每天怎么上班?

bà ba     mā ma hé wǒ
a) 爸爸、妈妈和我。

zuò chū zū chē
b) 坐出租车。

zhōng guó rén
c) 中国人。

sān kǒu rén
d) 三口人。

shāng rén
e) 商人。

## 17 Spot the mistakes and correct them.

lù
1. 佳 ___

mì
2. 秘 ___

shuì
3. 睡 ___

liǎng
4. 两 ___

126

## 18 Circle the phrases and write them down.

| 我 | 他 | 她 | 独 | 生 | 子 |
|---|---|---|---|---|---|
| 你 | 们 | 火 | 电 | 校 | 日 |
| 公 | 共 | 汽 | 车 | 地 | 铁 |
| 睡 | 年 | 租 | 中 | 学 | 下 |
| 觉 | 明 | 今 | 昨 | 上 | 班 |
| 走 | 路 | 每 | 天 | 放 | 学 |

1 _____    7 _____

2 _____    8 _____

3 _____    9 _____

4 _____    10 _____

5 _____    11 _____

6 _____    12 _____

## 19 Find the missing word in the box to form a phrase.

1. ___ 床 (chuáng)   2. ___ 晚饭 (wǎn fàn)   3. ___ 车 (chē)

4. ___ 学 (xué)   5. ___ 课 (kè)   6. ___ 校车 (xiào chē)

7. ___ 路 (lù)   8. ___ 觉 (jiào)   9. ___ 早饭 (zǎo fàn)

| 开 | 做 | 吃 |
|---|---|---|
| 放 | 走 | 睡 |
| 坐 | 起 | 上 |

## 20 Colour the phrases.

| 起床 | 放学 | 汽车 | 地铁 | 哥哥 |
|---|---|---|---|---|
| 姐姐 | 校车 | 三刻 | 吃饭 | 六点 |
| 爸爸 | 电车 | 上学 | 睡觉 | 火车 |

1. vehicles: yellow

2. routine: blue

3. people: red

4. time: green

127

## Unit 4　Revision

**1** Time words.

1. 两点　三点零五分　四点十分　九点一刻
liǎng diǎn　sān diǎn líng wǔ fēn　sì diǎn shí fēn　jiǔ diǎn yí kè

七点三刻(四十五分)　十点半　差十分七点
qī diǎn sān kè　sì shí wǔ fēn　shí diǎn bàn　chà shí fēn qī diǎn

2. 早上　上午　中午　下午　晚上
zǎo shang　shàng wǔ　zhōng wǔ　xià wǔ　wǎn shang

3. 每天
měi tiān

**2** Verbs.

起床　吃饭　上学　上课　放学　睡觉
qǐ chuáng　chī fàn　shàng xué　shàng kè　fàng xué　shuì jiào

开车　坐车　走路　上班
kāi chē　zuò chē　zǒu lù　shàng bān

**3** Question words.

几点　怎么
jǐ diǎn　zěn me

**4** Vehicles.

校车　电车　公共汽车　出租车
xiào chē　diàn chē　gōng gòng qì chē　chū zū chē

**5** Radicals.

1. 土　又　刂(刀)　米　彡　衤

2. 穴　矢　页　扌　艹　走

3. 夂　欠　士　门　竹　钅

## 6 Questions and answers.

xiàn zài jǐ diǎn le
1. 现在几点了？

liǎng diǎn líng wǔ fēn
两点零五分。

nǐ de biǎo jǐ diǎn le
2. 你的表几点了？

chà wǔ fēn liù diǎn
差五分六点。

nǐ zǎo shang jǐ diǎn qǐ chuáng
3. 你早上几点起床？

liù diǎn sān kè
六点三刻。

nǐ zǎo shang jǐ diǎn shàng xué
4. 你早上几点上学？

qī diǎn bàn
七点半。

nǐ zěn me shàng xué
5. 你怎么上学？

zuò xiào chē
坐校车。

nǐ zhōng wǔ jǐ diǎn chī wǔ fàn
6. 你中午几点吃午饭？

shí èr diǎn bàn
十二点半。

nǐ xià wǔ jǐ diǎn fàng xué
7. 你下午几点放学？

sān diǎn sì shí fēn
三点四十分。

nǐ wǎn shang jǐ diǎn shuì jiào
8. 你晚上几点睡觉？

shí diǎn
十点。

nǐ bà ba jǐ diǎn shàng bān
9. 你爸爸几点上班？

tā bā diǎn shàng bān
他八点上班。

tā zěn me shàng bān
10. 他怎么上班？

tā kāi chē shàng bān
他开车上班。

## Unit 4 test

**1** Tick the correct statements.

1. **02:55**

a) 现在三点零五分。

b) 现在差五分三点。

2. **16:30**

a) 现在早上六点半。

b) 现在下午四点半。

3. **04:15**

a) 现在四点三刻。

b) 现在四点一刻。

4. **08:55**

a) 现在差五分九点。

b) 现在差九分五点。

**2** Put the hands on the clock faces.

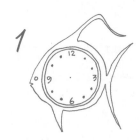
*1*

现在六点零五分

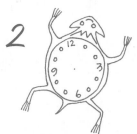
*2*

现在八点一刻

*3*

现在九点半

*4*

现在差十分七点

*5*

现在十二点三刻

*6*

现在十一点十五分

**3** Find the radical and write its meaning.

1. 放 [ ]     2. 零 [ ]     3. 差 [ ]

4. 起 [ ]     5. 饭 [ ]     6. 路 [ ]

7. 租 [ ]     8. 睡 [ ]     9. 校 [ ]

**4** Find the missing word in the box to form a phrase.

1. ＿＿ 床     2. 上 ＿＿     3. ＿＿ 饭

4. ＿＿ 课     5. 上 ＿＿     6. 开 ＿＿

7. ＿＿ 车     8. ＿＿ 觉     9. ＿＿ 在

| 起 | 吃 | 学 |
|---|---|---|
| 现 | 上 | 车 |
| 班 | 坐 | 睡 |

**5** Match the question with the answer.

＿＿＿＿ 1 你的表几点了？          a) 坐校车。

＿＿＿＿ 2 你每天晚上几点睡觉？     b) 十二岁。

＿＿＿＿ 3 你每天怎么上学？         c) 两点三刻。

＿＿＿＿ 4 你爸爸怎么上班？         d) 是中国人。

＿＿＿＿ 5 你今年多大了？           e) 开车。

＿＿＿＿ 6 你是中国人吗？           f) 十点半。

131

# 6 Rearrange the words/phrases to form a sentence.

1. 早上／起床／他／六点。→ _____

2. 开车／每天／上班／爸爸。→ _____

3. 哥哥／校车／上学／每天／坐。→ _____

4. 九点／现在／五分／零。→ _____

5. 差／八点／十分／现在。→ _____

6. 每天／上学／早上／我／七点半。→ _____

# 7 Fill in the blanks with the question words in the box.

| 谁 多少 几 哪儿 哪 怎么 什么 |

1. 你是 _____ 国人？     4. 你住在 _____ ？

2. 你每天 _____ 上学？     5. 你的电话号码是 _____ ？

3. 你的表 ____ 点了？     6. 你家有 _____ ？

**8** Write the meaning of each radical.

1. 土: _____    2. 又: _____    3. 米: _____    4. 𠂉: _____

5. 彡: _____    6. 礻: _____    7. 穴: _____    8. 矢: _____

9. 扌: _____    10. 艹: _____    11. 页: _____    12. 欠: _____

**9** Fill in the blanks with missing words.

1. 我妈妈是中 ☐ 人。她今年四十 ☐ 。

2. 她是秘 ☐ 。她 ☐ 北京工作。

3. 她早 ☐ 七点起 ☐ ，七点半 ☐ 早饭。

4. 她 ☐ 公共汽车 ☐ 班。

5. 她下 ☐ 六点下班。

6. 她晚 ☐ 十一点睡 ☐ 。

**10** Essay writing.

Write a paragraph about someone's daily routine. Your essay should include his/her:

a) name, age, nationality and occupation

b) daily routine

c) means of travel to school/work

## Lesson 13    Colours  颜色

**1** Copy the radicals.

| | 、 | 一 | 广 | 广 | 疒 | | | |
|---|---|---|---|---|---|---|---|---|
| disease | 疒 | 疒 | 疒 | 疒 | | | | |

| | 、 | 丷 | 火 | 火 | | | | |
|---|---|---|---|---|---|---|---|---|
| fire | 火 | 火 | 火 | 火 | | | | |

| | 丿 | ⺈ | ⺈ | ⺥ | | | | |
|---|---|---|---|---|---|---|---|---|
| claw | ⺥ | ⺥ | ⺥ | ⺥ | | | | |

| | ㇕ | ㇆ | 弓 | | | | | |
|---|---|---|---|---|---|---|---|---|
| bow | 弓 | 弓 | 弓 | 弓 | | | | |

| | ㇆ | 力 | | | | | | |
|---|---|---|---|---|---|---|---|---|
| strength | 力 | 力 | 力 | 力 | | | | |

| | 、 | ㇇ | ⺍ | 礻 | | | | |
|---|---|---|---|---|---|---|---|---|
| ritual | 礻 | 礻 | 礻 | 礻 | | | | |

## 2 Copy the new words of Text 1.

一 十 士 吉 吉 吉 吉 吉 壴 壴 喜 喜

| xǐ<br><br>happy; like | 喜 | 喜 | 喜 | 喜 | | | |
|---|---|---|---|---|---|---|---|

フ 又 又 欢 欢 欢

| huān<br><br>happy | 欢 | 欢 | 欢 | 欢 | | | |
|---|---|---|---|---|---|---|---|

丨 冂 冂 四 四 甲 甲 黒 黒 黑 黑 黑

| hēi<br><br>black | 黑 | 黑 | 黑 | 黑 | | | |
|---|---|---|---|---|---|---|---|

丿 勹 夕 多 多 色

| sè<br><br>colour | 色 | 色 | 色 | 色 | | | |
|---|---|---|---|---|---|---|---|

丿 亻 冂 白 白

| bái<br><br>white | 白 | 白 | 白 | 白 | | | |
|---|---|---|---|---|---|---|---|

一 十 十 卅 共 芇 苗 苗 黄 黄 黄 黄

| huáng<br><br>yellow | 黄 | 黄 | 黄 | 黄 | | | |
|---|---|---|---|---|---|---|---|

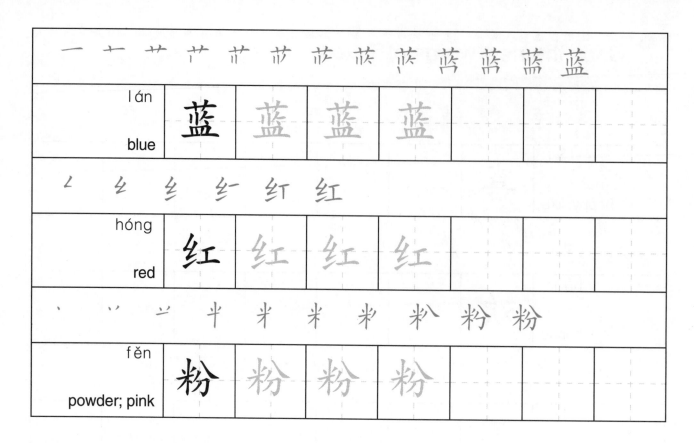

| | lán<br>blue | 蓝 | 蓝 | 蓝 | 蓝 | | |
| hóng<br>red | | 红 | 红 | 红 | 红 | | |
| fěn<br>powder; pink | | 粉 | 粉 | 粉 | 粉 | | |

一 艹 艹 芢 莢 莢 苽 莢 莢 莳 蓝 蓝

乙 纟 纟 乡 乡 红 红

丶 丷 丷 丷 半 半 米 米 粉 粉

## **3** Draw a picture with the colour given.

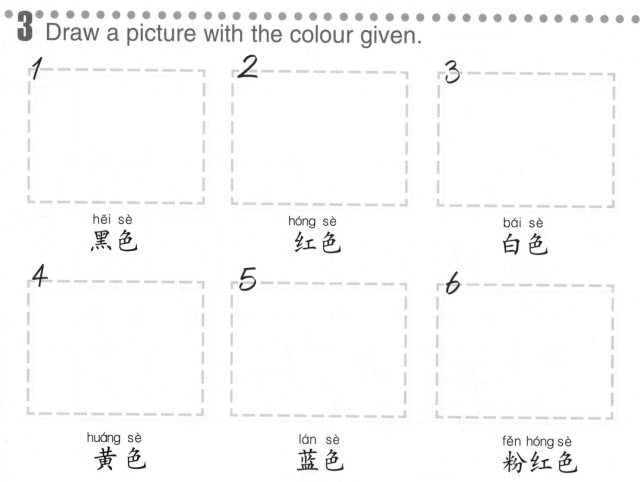

1

hēi sè
黑色

2

hóng sè
红色

3

bái sè
白色

4

huáng sè
黄色

5

lán sè
蓝色

6

fěn hóng sè
粉红色

## 4 Write the character and count the strokes.

1. huǒ 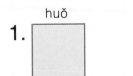 ___
2. rén 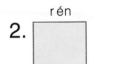 ___
3. bàn 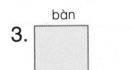 ___
4. gōng 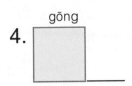 ___

5. shàng 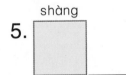 ___
6. xià ___
7. qù ___
8. zhōng ___

## 5 Find a character for each radical and write it down.

1. 目 : _____   2. 纟 : _____   3. 灬 : _____   4. 艹 : _____

5. 士 : _____   6. 米 : _____   7. 钅 : _____   8. 氵 : _____

9. 足 : _____   10. 王 : _____   11. 亻 : _____   12. 方 : _____

## 6 Count the strokes of each character.

1. fěn  ___
2. sè 色 ___
3. hēi  ___
4. huáng  ___

5. hóng  ___
6. bái 白 ___
7. lán 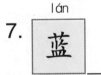 ___
8. xǐ 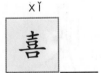 ___

## 7 Write from one-stroke character to nine-stroke character.

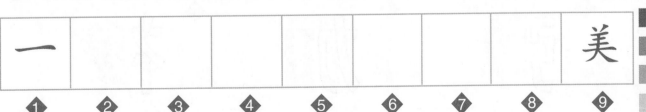

❶   ❷   ❸   ❹   ❺   ❻   ❼   ❽   ❾

## 8 Draw a picture with the colours given.

hēi sè　　bái sè
黑色、白色

hóng sè　　bái sè　　lán sè
红色、白色、蓝色

huáng sè　　hēi sè
黄色、黑色

lán sè　　bái sè
蓝色、白色

## 9 Write the radicals.

①  炒 ＿＿＿

② 爱 ＿＿＿

③ 病 ＿＿＿

④  弹 ＿＿＿

⑤  加 ＿＿＿

⑥  视 ＿＿＿

138

## 10 Translate from English to Chinese.

1. black taxi    黑色的出租车

2. blue car

3. red public bus

4. yellow school bus

5. pink watch

6. white bed

## 11 Answer the questions.

nǐ jīn nián duō dà le
1. 你今年多大了？

nǐ shàng jǐ nián jí
2. 你上几年级？

nǐ shì nǎ guó rén
3. 你是哪国人？

nǐ bà ba gōng zuò ma
4. 你爸爸工作吗？

tā zuò shén me gōng zuò
5. 他做什么工作？

tā měi tiān zěn me shàng bān
6. 他每天怎么上班？

nǐ měi tiān zǎo shang jǐ diǎn qǐ chuáng
7. 你每天早上几点起床？

nǐ měi tiān wǎn shang jǐ diǎn shuì jiào
8. 你每天晚上几点睡觉？

**12** Use " 几 " to make six questions.

1. 他几岁？

4. _____

2. _____

5. _____

3. _____

6. _____

**13** Make a sentence using the words given.

1. <ruby>喜欢<rt>xǐ huan</rt></ruby>　<ruby>我妹妹<rt>wǒ mèi mei</rt></ruby>　我妹妹喜欢红色和蓝色。

2. <ruby>红色<rt>hóng sè</rt></ruby>　<ruby>不喜欢<rt>bù xǐ huan</rt></ruby>　_____

3. <ruby>每天<rt>měi tiān</rt></ruby>　<ruby>校车<rt>xiào chē</rt></ruby>　_____

4. <ruby>怎么<rt>zěn me</rt></ruby>　<ruby>你爸爸<rt>nǐ bà ba</rt></ruby>　_____

5. <ruby>十点<rt>shí diǎn</rt></ruby>　<ruby>睡觉<rt>shuì jiào</rt></ruby>　_____

**14** Reading comprehension.

<ruby>我叫王红<rt>wǒ jiào wáng hóng</rt></ruby>。<ruby>我家有<rt>wǒ jiā yǒu</rt></ruby>
<ruby>三口人<rt>sān kǒu rén</rt></ruby>：<ruby>爸爸<rt>bà ba</rt></ruby>、<ruby>妈妈和<rt>mā ma hé</rt></ruby>
<ruby>我<rt>wǒ</rt></ruby>。<ruby>我爸爸是律师<rt>wǒ bà ba shì lǜ shī</rt></ruby>，<ruby>我<rt>wǒ</rt></ruby>
<ruby>妈妈不工作<rt>mā ma bù gōng zuò</rt></ruby>。<ruby>我喜欢<rt>wǒ xǐ huan</rt></ruby>
<ruby>红色<rt>hóng sè</rt></ruby>，<ruby>爸爸和妈妈都<rt>bà ba hé mā ma dōu</rt></ruby>
<ruby>喜欢黑色<rt>xǐ huan hēi sè</rt></ruby>。

Answer the questions:

1. <ruby>王红家有几口人<rt>wáng hóng jiā yǒu jǐ kǒu rén</rt></ruby>？

_____

2. <ruby>她爸爸做什么工作<rt>tā bà ba zuò shén me gōng zuò</rt></ruby>？

_____

3. <ruby>她妈妈工作吗<rt>tā mā ma gōng zuò ma</rt></ruby>？

_____

4. <ruby>王红喜欢黑色吗<rt>wáng hóng xǐ huan hēi sè ma</rt></ruby>？

_____

| ` | ヽ | 亠 | 立 | 产 | 产 | 彦 | 彦 | 彦 | 彦 | 顔 | 颜 | 颜 |

| yán colour | 颜 | 颜 | 颜 | 颜 | | | |

| 一 | 十 | 才 | 木 | 朾 | 杧 | 栌 | 栌 | 栌 | 桮 | 桮 | 桮 | 橙 | 橙 |

| chéng orange | 橙 | 橙 | 橙 | 橙 | | | |

| 丨 | 十 | 止 | 止 | 此 | 此 | 此 | 紫 | 紫 | 紫 | 紫 |

| zǐ purple | 紫 | 紫 | 紫 | 紫 | | | |

| 一 | 十 | 才 | 木 | 朾 | 杧 | 栌 | 柠 | 柠 | 棕 | 棕 |

| zōng brown | 棕 | 棕 | 棕 | 棕 | | | |

| ㇐ | ㇑ | 纟 | 纟 | 纠 | 纠 | 纡 | 绉 | 绉 | 绿 | 绿 |

| lǜ green | 绿 | 绿 | 绿 | 绿 | | | |

| 一 | ナ | 太 | 太 | 灰 | 灰 |

| huī grey | 灰 | 灰 | 灰 | 灰 | | | |

## 16 Circle the odd ones.

1. shàng wǔ 上午　　shàng xué 上学　　zǎo shang 早上
4. huáng sè 黄色　　qǐ chuáng 起床　　fàng xué 放学

2. chī fàn 吃饭　　shuì jiào 睡觉　　zěn me 怎么
5. shāng rén 商人　　shàng bān 上班　　gōng zuò 工作

3. jīn tiān 今天　　míng tiān 明天　　nǎr 哪儿
6. huǒ chē 火车　　qì chē 汽车　　diàn huà 电话

## 17 Mix the colours to create a new colour.

1.

bái sè　hēi sè
白色＋黑色＝灰色

5.

bái sè　hóng sè
白色＋红色＝

2.

lán sè　bái sè
蓝色＋白色＝

6.

huáng sè　lán sè
黄色＋蓝色＝

3.

hóng sè　huáng sè
红色＋黄色＝

7.

zǐ sè　huáng sè
紫色＋黄色＝

4.

hóng sè　huáng sè　lán sè
红色＋黄色＋蓝色＝

## 18 Fill in the blanks with characters.

我叫王方，今年十四 □(suì)，上九 □□(nián jí)。我 □(jiā) 有

五口人： □□(bà ba)、妈妈、哥哥、□□(jiě jie) 和我。我爸

爸 □□(gōng zuò)，我妈妈 □(yě) 工作。我爸爸是 □□(shāng rén)，我

妈妈是 □□(mì shū)。我哥哥是大 □□(xué shēng)，我姐姐 □(hé) 我

是中学生。我爸爸 □□(xǐ huan) 黑色和 □□(zōng sè)。我妈妈

喜欢 □□(lǜ sè) 和 □□(huī sè)。我哥哥喜欢 □□(bái sè)。

我姐姐喜欢 □□(zǐ sè)。我喜欢 □□(chéng sè)。

## 19 Answer the questions.

1. 你喜欢紫色吗？
(nǐ xǐ huan zǐ sè ma)

_____

2. 你喜欢什么颜色？
(nǐ xǐ huan shén me yán sè)

_____

3. 你爸爸喜欢什么颜色？
(nǐ bà ba xǐ huan shén me yán sè)

_____

4. 你妈妈喜欢什么颜色？
(nǐ mā ma xǐ huan shén me yán sè)

_____

5. 你每天怎么上学？
(nǐ měi tiān zěn me shàng xué)

_____

6. 你晚上几点睡觉？
(nǐ wǎn shang jǐ diǎn shuì jiào)

_____

## 20 Spot the mistakes and write down the correct sentences.

tā mā ma gōng zuò yě
1. 他妈妈工作也。 → 他妈妈也工作。

wǒ chī zǎo fàn zài qī diǎn
2. 我吃早饭在七点。 → _____

dì di shàng xué zuò xiào chē
3. 弟弟上学坐校车。 → _____

tā bà ba shàng bān kāi chē měi tiān
4. 她爸爸上班开车每天。 → _____

zěn me nǐ měi tiān shàng xué
5. 怎么你每天上学？ → _____

shén me yán sè nǐ xǐ huan
6. 什么颜色你喜欢？ → _____

## 21 Circle the colour words.

红 级 白 铁 绿 黄 蓝 租
灰 紫 课 黑 棕 走 地 橙

## 22 Translate from English to Chinese.

1. I like red and green colours.

2. I walk to school everyday.

3. I do not eat breakfast.

4. It is a quarter past three.

wǒ jiào wáng hēi bái    wǒ shì běi jīng rén
我 叫 王 黑 白 。我 是 北 京 人。
wǒ jiā yǒu sān kǒu rén    bà ba    mā ma hé
我 家 有 三 口 人：爸爸、妈妈和
wǒ    wǒ bà ba shì lǎo shī    tā měi tiān kāi
我。我 爸 爸 是 老 师。他 每 天 开
chē shàng bān    tā xǐ huan hēi sè hé bái
车 上 班 。 他 喜 欢 黑 色 和 白
sè    suǒ yǐ tā gěi wǒ qǐ míng hēi bái  wǒ mā
色，所 以 他 给 我 起 名 黑 白。我 妈
ma shì mì shū    tā měi tiān zuò dì tiě shàng
妈 是 秘 书，她 每 天 坐 地 铁 上
bān  tā xǐ huan lán sè hé zōng sè    wǒ jīn
班。她 喜 欢 蓝 色 和 棕 色。我 今
nián shí wǔ suì    shàng shí nián jí    wǒ xǐ huan
年 十 五 岁，上 十 年 级。我 喜 欢
huī sè hé zǐ sè    wǒ men yì jiā rén xiàn zài
灰 色 和 紫 色。我 们 一 家 人 现 在
zhù zài shàng hǎi
住 在 上 海 。

**Answer the questions:**

wáng hēi bái jīn nián duō dà le
1. 王 黑 白 今 年 多 大 了？

_____

tā bà ba zuò shén me gōng zuò
2. 他 爸 爸 做 什 么 工 作？

_____

tā bà ba měi tiān zěn me shàng bān
3. 他 爸 爸 每 天 怎 么 上 班？

_____

tā mā ma gōng zuò ma
4. 他 妈 妈 工 作 吗？

_____

tā bà ba xǐ huan shén me yán sè
5. 他 爸 爸 喜 欢 什 么 颜 色？

_____

tā mā ma xǐ huan shén me yán sè
6. 他 妈 妈 喜 欢 什 么 颜 色？

_____

wáng hēi bái yě xǐ huan hēi sè ma
7. 王 黑 白 也 喜 欢 黑 色 吗？

_____

tā men yì jiā rén xiàn zài zhù zài    nǎr
8. 他 们 一 家 人 现 在 住 在 哪 儿？

_____

## Lesson 14    Clothing  穿着

**1** Copy the radicals.

| | | | | | | |
|---|---|---|---|---|---|---|
| ノ 刀 | | | | | | |
| border | 刀 | 刀 | 刀 | 刀 | | |
| ノ 二 牛 牛 | | | | | | |
| cow | 牛 | 牛 | 牛 | 牛 | | |
| 丨 冂 贝 贝 | | | | | | |
| shell | 贝 | 贝 | 贝 | 贝 | | |
| 丶 冫 | | | | | | |
| ice | 冫 | 冫 | 冫 | 冫 | | |
| 丶 冖 ⇒ 户 | | | | | | |
| household | 户 | 户 | 户 | 户 | | |
| 丶 丷 忄 | | | | | | |
| feeling | 忄 | 忄 | 忄 | 忄 | | |

## 2 Copy the new words of Text 1.

| `丶丷宀宀宀空空空穿穿` | | | | | | |
|---|---|---|---|---|---|---|
| chuān<br><br>wear | 穿 | 穿 | 穿 | 穿 | | |

| `丶フ才才衤衤衬衬` | | | | | | |
|---|---|---|---|---|---|---|
| chèn<br><br>lining | 衬 | 衬 | 衬 | 衬 | | |

| `丶フ才才衤衤衫衫` | | | | | | |
|---|---|---|---|---|---|---|
| shān<br><br>unlined upper garment | 衫 | 衫 | 衫 | 衫 | | |

| `丿⺧⺧牛` | | | | | | |
|---|---|---|---|---|---|---|
| niú<br><br>ox; cattle | 牛 | 牛 | 牛 | 牛 | | |

| `丿亻亻仔仔仔` | | | | | | |
|---|---|---|---|---|---|---|
| zǎi<br><br>son | 仔 | 仔 | 仔 | 仔 | | |

| `丶フ才才衤衤衤衤衩裤裤裤` | | | | | | |
|---|---|---|---|---|---|---|
| kù<br><br>trousers | 裤 | 裤 | 裤 | 裤 | | |

| | `` ⁊ ⻌ ⻌ ⻌ 礻 衬 衬 衬 衬 袢 裙 裙 |
|---|---|
| qún | 裙 裙 裙 裙 |
| skirt | |

## 3 Colour the pictures.

① 

chéng sè
橙 色
de
的
chèn shān
衬 衫

② 

zōng sè
棕色
de
的
cháng shān
长 衫

③ 

lǜ sè
绿色
de
的
qún zi
裙子

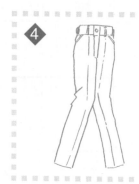

④ 

lán sè
蓝色
de
的
niú zǎi kù
牛仔裤

## 4 Answer the questions.

nǐ xǐ huan shén me yán sè
1. 你喜欢什么颜色?

_____

nǐ xǐ huan zōng sè ma
2. 你喜欢棕色吗?

_____

nǐ xǐ huan chuān chèn shān ma
3. 你喜欢穿衬衫吗?

_____

nǐ xǐ huan chuān niú zǎi kù ma
4. 你喜欢穿牛仔裤吗?

_____

## 5 Find the characters in the box to match the radicals.

1. 亻: ___ ___    2. 灬: ___    3. 足 : ___

4. 木 : ___ ___    5. 米 : ___    6. 页 : ___

7. 衤 : ___    8. 穴 : ___    9. 禾 : ___

10. 纟: ___ ___    11. 艹 : ___

| | | | |
|---|---|---|---|
| 衬 | 穿 | 红 | 棕 |
| 绿 | 衫 | 粉 | 做 |
| 橙 | 颜 | 蓝 | 路 |
| 仔 | 黑 | 租 | |

## 6 Find the missing word in the box to form a phrase.

| | | |
|---|---|---|
| 师 | 书 | 生 |
| 车 | 子 | 们 |
| 天 | 人 | 色 |

1. xiào 校 ▢    2. kù 裤 ▢    3. wǒ 我 ▢

4. měi 每 ▢    5. yán 颜 ▢    6. mì 秘 ▢

7. shāng 商 ▢    8. lǜ 律 ▢    9. xué 学 ▢

## 7 Fill in the blanks with the phrases in the box.

| 三月 | 裙子 | 灰色 | 星期 | 晚上 | 牛仔裤 |
|---|---|---|---|---|---|
| 一半 | 紫色 | 上学 | 睡觉 | 校车 | 中国人 |

wǒ xǐ huan                hé
1. 我喜欢 _____ 和 _____ 。

jiě jie xǐ huan chuān            hé
5. 姐姐喜欢穿_____ 和 _____ 。

dì di          jiǔ diǎn
2. 弟弟 _____ 九点 _____ 。

tā              shì měi guó rén      yí bàn shì
6. 他 _____ 是美国人，一半是

jīn tiān        èr rì        sì
3. 今天 _____ 二日 _____ 四。            _____ 。

mèi mei zuò
4. 妹妹坐 _____ _____ 。

## 8 Write a sentence for each picture.

**1**  我家有五口人：爸爸、妈妈、弟弟、妹妹和我。

**2**  我爸爸

**3**  我妈妈

**4**  我喜欢

**5** 我弟弟喜欢

**6** 我妹妹喜欢

*It is your turn!*

Draw four pictures and write similar descriptions about them.

## 9 Copy the new words of Text 2.

| 、 一 ナ ナ 衤 衣 衣 | | | | | | | |
|---|---|---|---|---|---|---|---|
| yī<br><br>clothes | 衣 | 衣 | | | | | |

| 丿 刀 月 月 肝 肝 服 服 | | | | | | | |
|---|---|---|---|---|---|---|---|
| fú<br><br>clothes | 服 | 服 | 服 | 服 | | | |

| 、 氵 氵 汗 汗 汗 | | | | | | | |
|---|---|---|---|---|---|---|---|
| hàn<br><br>sweat | 汗 | 汗 | 汗 | 汗 | | | |

| 丿 ㇀ ㇒ 午 矢 矢 知 知 知 知 短 短 | | | | | | | |
|---|---|---|---|---|---|---|---|
| duǎn<br><br>short (in length) | 短 | 短 | 短 | 短 | | | |

| 丿 二 三 毛 | | | | | | | |
|---|---|---|---|---|---|---|---|
| máo<br><br>wool | 毛 | 毛 | 毛 | 毛 | | | |

| 丿 ㇇ 夕 列 外 | | | | | | | |
|---|---|---|---|---|---|---|---|
| wài<br><br>outer | 外 | 外 | 外 | 外 | | | |

| 一 | ナ | 大 | 太 | 本 | 本 | 套 | 套 | 套 | 套 | | |
|---|---|---|---|---|---|---|---|---|---|---|---|

| tào | | | | | | | | |
|---|---|---|---|---|---|---|---|---|
| cover | 套 | 套 | 套 | 套 | | | | |

| 丿 | ┴ | 长 | 长 | | | | |
|---|---|---|---|---|---|---|---|

| cháng | | | | | | | | |
|---|---|---|---|---|---|---|---|---|
| long | 长 | 长 | 长 | 长 | | | | |

## **10** Look up the words in the dictionary. Write down their meanings.

1. hé fú
和服 _____

2. cháng shān
长衫 _____

3. wà zi
袜子 _____

4. pí xié
皮鞋 _____

5. xī zhuāng
西装 _____

6. shǒu tào
手套 _____

7. dà yī
大衣 _____

8. fēng yī
风衣 _____

9. mào zi
帽子 _____

10. lián yī qún
连衣裙 _____

## **11** Circle the clothing words.

| 衬衫 | 毛衣 | 汗衫 | 年级 | 长衫 | 出租车 |
|---|---|---|---|---|---|
| 睡觉 | 外套 | 起床 | 长裤 | 上课 | 牛仔裤 |
| 短裤 | 地铁 | 上衣 | 放学 | 和服 | 校服 |

## 12 Match the picture with the answer in the box.

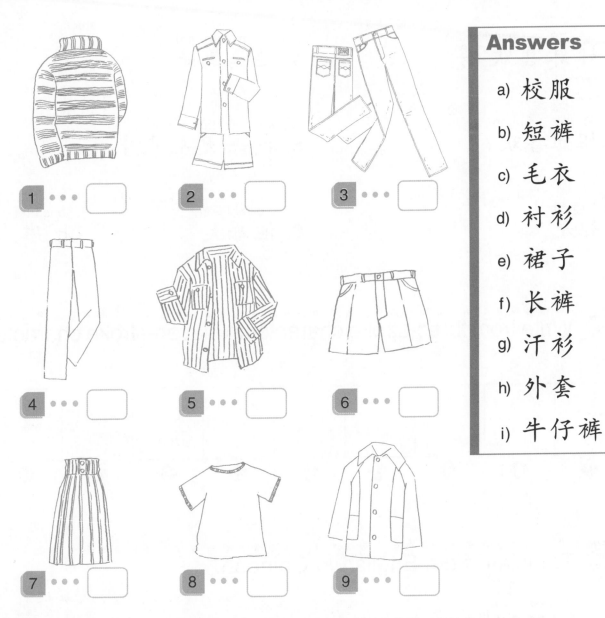

| | |
|---|---|
| 1 · · · ☐ | |
| 2 · · · ☐ | |
| 3 · · · ☐ | |
| 4 · · · ☐ | |
| 5 · · · ☐ | |
| 6 · · · ☐ | |
| 7 · · · ☐ | |
| 8 · · · ☐ | |
| 9 · · · ☐ | |

**Answers**

a) 校服

b) 短裤

c) 毛衣

d) 衬衫

e) 裙子

f) 长裤

g) 汗衫

h) 外套

i) 牛仔裤

## 13 Make a sentence/question using the words given.

měi tiān　　shuì jiào
1. 每天　睡觉 _____

xǐ huan　　wài tào
2. 喜欢　外套 _____

zǎo shang　　shàng xué
3. 早上　上学 _____

diàn huà hào mǎ　　duō shao
4. 电话号码　多少 _____

## 14 Write the characters.

1. mèi mei xǐ huan chuān
妹妹喜欢穿 [máo yī] 。

2. jiě jie xǐ huan
姐姐喜欢 [hóng sè] 。

3. tā shì
她是 [dú shēng nǚ] 。

4. tā mā ma shì
他妈妈是 [lǎo shī] 。

5. wǒ měi tiān qī diǎn
我每天七点 [qǐ chuáng] 。

6. tā měi tiān
他每天 [kāi chē] shàng bān
上班。

## 15 Write from three-stroke character to eleven-stroke character.

| 大 | | | | | | | | |
|---|---|---|---|---|---|---|---|---|
| ③ | ④ | ⑤ | ⑥ | ⑦ | ⑧ | ⑨ | ⑩ | ⑪ |

## 16 Translate from English to Chinese.

1. I do not like wearing school uniform.

_____

2. I do not have brothers and sisters.

_____

3. My mother walks to work every day.

_____

4. He is the only son in his family.

_____

## 17 Colour the pictures.

1

lán sè de niú zǎi kù
蓝色的牛仔裤

2

zǐ sè de duǎn kù
紫色的短裤

3

chéng sè de hàn shān
橙色的汗衫

4

huī sè de xiào fú
灰色的校服

5

fěn hóng sè de máo yī
粉红色的毛衣

6

zōng sè de wài tào
棕色的外套

**18** Circle the phrases and write them down.

| | | | | | |
|---|---|---|---|---|---|
| 衬 | 衣 | 校 | 地 | 日 | 出 |
| 汗 | 衫 | 服 | 铁 | 火 | 租 |
| 走 | 路 | 公 | 共 | 汽 | 车 |
| 粉 | 红 | 色 | 长 | 裙 | 放 |
| 上 | 下 | 火 | 短 | 裤 | 学 |
| 中 | 午 | 饭 | 独 | 生 | 子 |

① _____  ⑦ _____

② _____  ⑧ _____

③ _____  ⑨ _____

④ _____  ⑩ _____

⑤ _____  ⑪ _____

⑥ _____  ⑫ _____

**19** Spot the mistakes and write the correct words.

tā xǐ huan chuān chèn shān hé niú zǎi kù
1. 他喜欢穿衬衫和午仔裤。 牛
_____

wǒ dì di měi tiān zuò chū zū chē shàng xué
2. 我第第每天坐出姐车下学。
_____

tā jīn tiān chuān máo yī wài tào hé cháng kù
3. 她令天穿手衣、处套和长裤。
_____

nǐ bà ba mā ma měi tiān zěn me shàng bān
4. 你爸爸、吗吗每天作么上班？
_____

tā men yì jiā rén xiàn zài zhù zài shàng hǎi
5. 他们一字人现在住在上海。
_____

156

wǒ jiào huáng tiě niú　　wǒ shì běi jīng rén　　wǒ
我 叫 黄 铁 牛。我 是 北 京 人。我

jīn nián shí èr suì　shàng qī nián jí　　wǒ men yì
今 年 十 二 岁，上 七 年 级。我 们 一

jiā rén xiàn zài zhù zài xiāng gǎng
家 人 现 在 住 在 香 港。

wǒ jiā yǒu sān kǒu rén　bà ba　mā ma hé wǒ
我 家 有 三 口 人：爸 爸、妈 妈 和 我。

wǒ bà ba měi tiān jiǔ diǎn shàng bān　tā zuò
我 爸 爸 每 天 九 点 上 班。他 坐

gōng gòng qì chē shàng bān　tā xǐ huan chuān chèn
公 共 汽 车 上 班。他 喜 欢 穿 衬

shān hé cháng kù　wǒ mā ma bù gōng zuò　tā xǐ
衫 和 长 裤。我 妈 妈 不 工 作。她 喜

huan chuān qún zi　wǒ měi tiān bā diǎn shàng xué
欢 穿 裙 子。我 每 天 八 点 上 学，

xià wǔ sì diǎn fàng xué　wǒ xǐ huan chuān hàn shān
下 午 四 点 放 学。我 喜 欢 穿 汗 衫

hé niú zǎi kù
和 牛 仔 裤。

**Answer the questions:**

huáng tiě niú jīn nián shàng jǐ nián jí
1. 黄 铁 牛 今 年 上 几 年 级？

tā měi tiān jǐ diǎn shàng xué
2. 他 每 天 几 点 上 学？

tā bà ba gōng zuò ma
3. 他 爸 爸 工 作 吗？

tā bà ba xǐ huan chuān shén me yī fu
4. 他 爸 爸 喜 欢 穿 什 么 衣 服？

tā bà ba měi tiān zěn me shàng bān
5. 他 爸 爸 每 天 怎 么 上 班？

tā mā ma gōng zuò ma
6. 他 妈 妈 工 作 吗？

tā mā ma xǐ huan chuān shén me yī fu
7. 他 妈 妈 喜 欢 穿 什 么 衣 服？

tā xǐ huan chuān shén me yī fu
8. 他 喜 欢 穿 什 么 衣 服？

## Lesson 15    Parts of the Body  人体部位

**1** Copy the radicals.

| | | | | | | | |
|---|---|---|---|---|---|---|---|
| 一 厂 | | | | | | | |

| cliff | 厂 | 厂 | 厂 | 厂 | | | |
|---|---|---|---|---|---|---|---|

一 七 车 车

| vehicle | 车 | 车 | 车 | 车 | | | |
|---|---|---|---|---|---|---|---|

丶 亠 亠 立 立

| stand | 立 | 立 | 立 | 立 | | | |
|---|---|---|---|---|---|---|---|

一 十 艹 艹 苎 苫 昔 莒 革

| leather | 革 | 革 | 革 | 革 | | | |
|---|---|---|---|---|---|---|---|

丨 ⺊ 止 止

| stop | 止 | 止 | 止 | 止 | | | |
|---|---|---|---|---|---|---|---|

丶 口 口 中 虫 虫

| insect | 虫 | 虫 | 虫 | 虫 | | | |
|---|---|---|---|---|---|---|---|

## 2 Copy the new words of Text 1.

| | | | | | | |
|---|---|---|---|---|---|---|
| 丨 冂 冂 月 月 貝 貝 眼 眼 眼 | | | | | | |
| yǎn<br><br>eye | 眼 | 眼 | 眼 | 眼 | | |
| 丨 冂 冂 月 目 目 睛 睛 睛 睛 睛 | | | | | | |
| jīng<br><br>eyeball | 睛 | 睛 | 睛 | 睛 | | |
| 一 一 T TT 丌 耳 耳 | | | | | | |
| ěr<br><br>ear | 耳 | 耳 | 耳 | 耳 | | |
| 丿 几 几 朵 朵 朵 | | | | | | |
| duǒ<br><br>clouds;<br>measure word | 朵 | 朵 | 朵 | 朵 | | |
| ' 亻 冂 白 白 自 鼻 鼻 鼻 畠 鼻 鼻 鼻 | | | | | | |
| bí<br><br>nose | 鼻 | 鼻 | 鼻 | 鼻 | | |
| 丨 冂 口 口 叱 叱 叱 喘 嘴 嘴 嘴 嘴 | | | | | | |
| zuǐ<br><br>mouth | 嘴 | 嘴 | 嘴 | 嘴 | | |

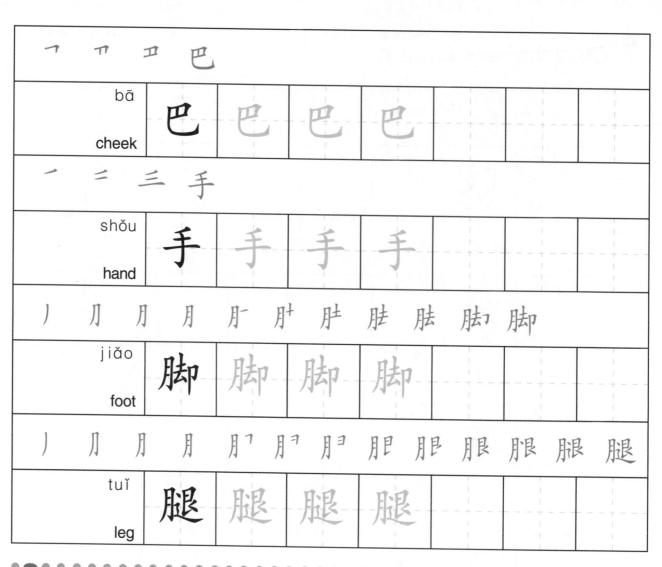

| | | | | | | | |
|---|---|---|---|---|---|---|---|
| フ フ ヨ 巴 | | | | | | | |
| bā<br>cheek | 巴 | 巴 | 巴 | 巴 | | | |
| 一 二 三 手 | | | | | | | |
| shǒu<br>hand | 手 | 手 | 手 | 手 | | | |
| 丿 刀 月 月 月 肜 肚 胠 肤 脚 脚 | | | | | | | |
| jiǎo<br>foot | 脚 | 脚 | 脚 | 脚 | | | |
| 丿 刀 月 月 月ㄱ 月ㄱ 月ㅋ 朋 朋 腿 腿 腿 | | | | | | | |
| tuǐ<br>leg | 腿 | 腿 | 腿 | 腿 | | | |

**3** Match the pictures with the answers in the box.

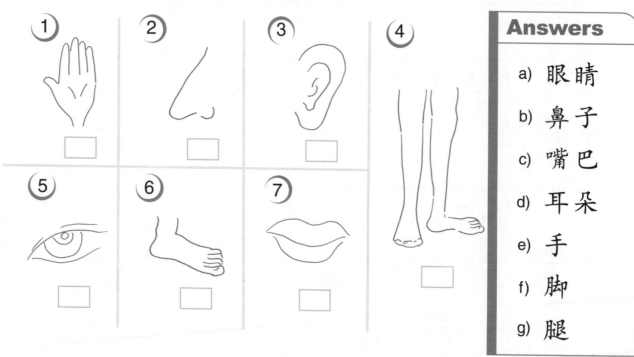

① ② ③ ④

⑤ ⑥ ⑦

**Answers**

a) 眼睛

b) 鼻子

c) 嘴巴

d) 耳朵

e) 手

f) 脚

g) 腿

160

## 4 Write the radicals.

1. eye: _____

2. water: _____

3. flesh: _____

4. sunset: _____

5. clothing: _____

6. mouth: _____

7. wood: _____

8. cave: _____

9. food: _____

10. metal: _____

11. grass: _____

12. page: _____

## 5 Draw pictures.

*1*

dà   bí   zi
大鼻子

*2*

xiǎo zuǐ ba
小嘴巴

*3*

dà  yǎn jing
大眼睛

*4*

cháng tuǐ
长 腿

*5*

dà  ěr duo
大耳朵

*6*

xiǎo shǒu
小手

## 6 Fill in the missing dates, then answer the questions.

二〇〇七年 　　　　　　　　　　　　　　　　　六月

| 星期日 | 星期一 | 星期二 | 星期三 | 星期四 | 星期五 | 星期六 |
|---|---|---|---|---|---|---|
| | | | | | | 一 |
| | | 五 今天 | | | | |
| 十 | | | 十四 | | | |
| | 十八 | | | | | 二十三 |
| | | | | | | 三十 |

jīn tiān jǐ yuè jǐ hào
1. 今天几月几号？

_____

jīn tiān xīng qī jǐ
2. 今天星期几？

_____

liù yuè shí rì shì xīng qī jǐ
3. 六月十日是星期几？

_____

qī yuè yī rì shì xīng qī jǐ
4. 七月一日是星期几？

_____

## 7 Answer the questions.

nǐ de yǎn jing dà ma
1. 你的眼睛大吗？

_____

nǐ de zuǐ ba xiǎo ma
2. 你的嘴巴小吗？

_____

nǐ de tuǐ cháng ma
3. 你的腿长吗？

_____

nǐ de ěr duo dà ma
4. 你的耳朵大吗？

_____

# 8 Colour the picture and write one sentence about it.

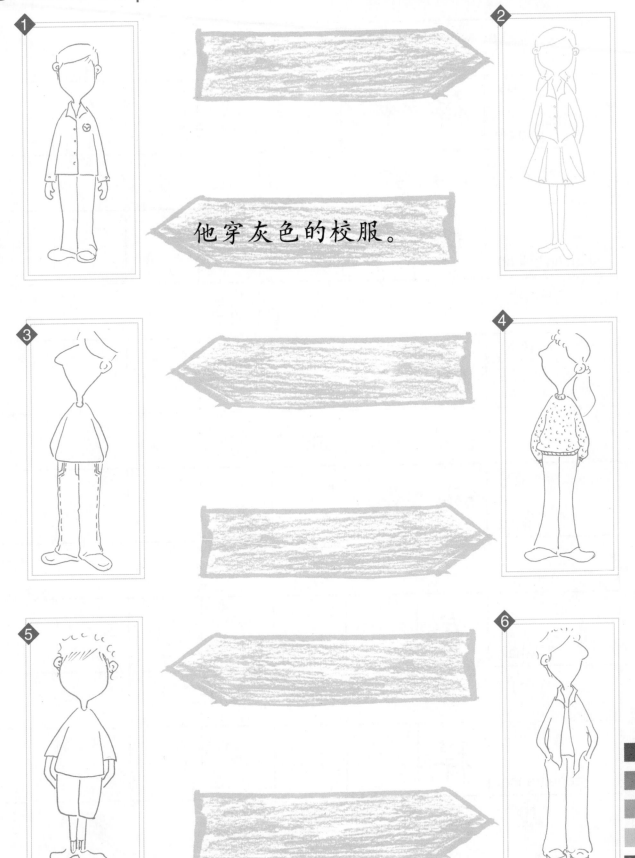

他穿灰色的校服。

**9** Copy the new words of Text 2.

| 丶 彡 彳 彳 彳 彳 彳 得 得 得 得 | | | | | | |
|---|---|---|---|---|---|---|
| de<br>particle | 得 | 得 | 得 | 得 | | |

| 丿 丄 上 矢 矢 矢 矢 矢 矮 矮 矮 矮 矮 | | | | | | |
|---|---|---|---|---|---|---|
| ǎi<br>short (in height) | 矮 | 矮 | 矮 | 矮 | | |

| 丶 亠 广 市 亩 户 高 高 高 高 | | | | | | |
|---|---|---|---|---|---|---|
| gāo<br>tall | 高 | 高 | 高 | 高 | | |

| 丶 丷 三 头 头 | | | | | | |
|---|---|---|---|---|---|---|
| tóu<br>head | 头 | 头 | 头 | 头 | | |

| 一 少 方 发 发 | | | | | | |
|---|---|---|---|---|---|---|
| fà<br>hair | 发 | 发 | 发 | 发 | | |

| 一 十 才 木 术 术 栏 栏 栏 样 | | | | | | |
|---|---|---|---|---|---|---|
| yàng<br>appearance | 样 | 样 | 样 | 样 | | |

164

**10** Write one sentence about each picture.

他有大大的眼睛。

165

## **11** Circle the phrases and write them down.

| 眼 | 睛 | 耳 | 独 | 学 | 衣 |
|---|---|---|---|---|---|
| 嘴 | 巴 | 朵 | 生 | 校 | 服 |
| 火 | 腿 | 鼻 | 子 | 车 | 外 |
| 头 | 发 | 晚 | 上 | 课 | 套 |
| 衬 | 衫 | 棕 | 紫 | 短 | 长 |
| 粉 | 红 | 色 | 牛 | 仔 | 裤 |

1 _____    7 _____

2 _____    8 _____

3 _____    9 _____

4 _____    10 _____

5 _____    11 _____

6 _____    12 _____

## **12** Write the time in Chinese.

1

2

3

七点零五分
_____    _____    _____

4

5

6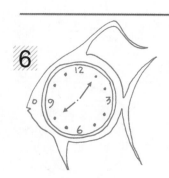

_____    _____    _____

## 13 Write a few sentences about each picture.

Example

她长得矮矮的。
她有大大的眼睛、小小的鼻子和嘴巴。她的头发不长。

## 14 Answer the questions.

nǐ zhǎng shén me yàng
1. 你长什么样？

nǐ bà ba zhǎng shén me yàng
2. 你爸爸长什么样？

**15** Rearrange the words/phrases to form a sentence/question.

1. 他 / 上学 / 每天 / 穿 / 校服 。
tā shàng xué měi tiān chuān xiào fú

→ 他每天穿校服上学。

2. 喜欢 / 橙色 / 她 / 白色 / 和 。
xǐ huan chéng sè tā bái sè hé

→ _____

3. 爸爸 / 开车 / 每天 / 上班 。
bà ba kāi chē měi tiān shàng bān

→ _____

4. 王星 / 九点 / 晚上 / 睡觉 。
wáng xīng jiǔ diǎn wǎn shang shuì jiào

→ _____

5. 有 / 你 / 姐姐 / 几个 ？
yǒu nǐ jiě jie jǐ ge

→ _____

**16** Write two characters for each radical.

1. 心： ___ ___     2. 口： ___ ___     3. 衤： ___ ___

4. 亻： ___ ___     5. 夕： ___ ___     6. 女： ___ ___

**17** Make a question with each question word.

1. 几： _____
jǐ

4. 什么： _____
shén me

2. 谁： _____
shuí

5. 怎么： _____
zěn me

3. 吗： _____
ma

6. 哪儿： _____
nǎr

## 18 Add a word to form a phrase.

1. 下午→午 ____
xià wǔ    wǔ

2. 长裤→裤 ____
cháng kù    kù

3. 中学→学 ____
zhōng xué    xué

4. 大火→火 ____
dà huǒ    huǒ

5. 毛衣→衣 ____
máo yī    yī

6. 早上→上 ____
zǎo shang    shàng

7. 明年→年 ____
míng nián    nián

8. 学校→校 ____
xué xiào    xiào

9. 出汗→汗 ____
chū hàn    hàn

## 19 Read the passage and tick if true, cross if false.

máo xiǎo hóng jīn nián shí èr suì
毛小红今年十二岁，
shì zhōng guó rén    tā yǒu dà yǎn
是中国人。她有大眼
jing    xiǎo bí zi hé dà ěr duo
睛，小鼻子和大耳朵。
tā de tóu fa shì hēi sè de    hěn
她的头发是黑色的，很
duǎn    tā měi tiān chuān xiào fú shàng
短。她每天穿校服上
xué
学。

tā jīn tiān chuān bái chèn shān hé
她今天穿白衬衫和
lán duǎn qún    tā bù xǐ huan tā
蓝短裙。她不喜欢她
de xiào fú    tā bù xǐ huan xiào
的校服。她不喜欢校
fú de yán sè
服的颜色。

máo xiǎo hóng yǒu dà bí zi
1 毛小红有大鼻子。

tā de tóu fa hěn duǎn
2 她的头发很短。

tā chuān xiào fú shàng xué
3 她穿校服上学。

tā xǐ huan tā de xiào fú
4 她喜欢她的校服。

tā yí bàn shì zhōng guó rén
5 她一半是中国人。

*It is your turn!*

Write a similar passage about yourself.

169

# Unit 5　Revision

## 1 Colours.

颜色：　黑色　白色　黄色　蓝色　红色　粉红色
yán sè　hēi sè　bái sè　huáng sè　lán sè　hóng sè　fěn hóng sè

橙色　棕色　绿色　灰色
chéng sè　zōng sè　lǜ sè　huī sè

## 2 Clothes.

衣服：　衬衫　牛仔裤　裙子　汗衫　短裤　毛衣
yī fu　chèn shān　niú zǎi kù　qún zi　hàn shān　duǎn kù　máo yī

外套　长裤　校服
wài tào　cháng kù　xiào fú

## 3 Parts of the body.

眼睛　鼻子　嘴巴　头　手　腿　脚　头发
yǎn jing　bí zi　zuǐ ba　tóu　shǒu　tuǐ　jiǎo　tóu fa

## 4 Adjectives.

高　矮　长　短
gāo　ǎi　cháng　duǎn

## 5 Verbs.

喜欢　穿　长(得)
xǐ huan　chuān　zhǎng de

## 6 Radicals.

1. 疒　火　罒　弓　力　衤

2. 刂　牛　贝　冫　户　忄

3. 厂　车　立　革　止　虫

# 7 Questions and answers.

nǐ xǐ huan shén me yán sè
1. 你喜欢什么颜色？

hóng sè    chéng sè hé lán sè
红色、橙色和蓝色。

nǐ xǐ huan hēi sè ma
2. 你喜欢黑色吗？

bù xǐ huan
不喜欢。

nǐ xǐ huan chuān shén me yī fu
3. 你喜欢穿什么衣服？

hàn shān hé niú zǎi kù
汗衫和牛仔裤。

nǐ shàng xué chuān xiào fú ma
4. 你上学穿校服吗？

chuān
穿。

nǐ chuān shén me xiào fú
5. 你穿什么校服？

bái sè de chèn shān hé lán sè de cháng kù
白色的衬衫和蓝色的长裤。

nǐ xǐ huan nǐ de xiào fú ma
6. 你喜欢你的校服吗？

bù xǐ huan
不喜欢。

nǐ gē ge zhǎng shén me yàng
7. 你哥哥长什么样？

tā zhǎng de gāo gāo de    tā yǒu
他长得高高的。他有

dà yǎn jing hé hēi sè de duǎn fà
大眼睛和黑色的短发。

# Unit 5 Test

**1** Colour the words as required.

| | | | | |
|---|---|---|---|---|
| 校车 | 起床 | 衬衫 | 高 | 眼睛 |
| 短裤 | 矮 | 鼻子 | 毛衣 | 出租车 |
| 耳朵 | 校服 | 汗衫 | 外套 | 公共汽车 |
| 短 | 上学 | 嘴巴 | 睡觉 | 电车 |

1. vehicles: 红色  2. clothes: 绿色  3. adjectives: 蓝色

4. daily routine: 橙色    5. parts of the body: 黄色

**2** Find the radical and write its meaning.

1. 弹 ☐        2. 爱 ☐        3. 病 ☐

4. 祝 ☐        5. 周 ☐        6. 冷 ☐

7. 房 ☐        8. 忙 ☐        9. 厅 ☐

10. 辆 ☐       11. 鞋 ☐       12. 虾 ☐

**3** Write a character for each radical.

1. 火 :＿＿＿   2. 夂 :＿＿＿   3. 穴 :＿＿＿   4. 止 :＿＿＿

5. 矢 :＿＿＿   6. 士 :＿＿＿   7. 又 :＿＿＿   8. 礻 :＿＿＿

**4** Rearrange the words/phrases to form a sentence.

1. 不 / 他 / 喜欢 / 黑色。→ _____

2. 喜欢 / 裙子 / 妈妈 / 穿。→ _____

3. 上学 / 我 / 校服 / 穿。→ _____

4. 大大的 / 小天 / 眼睛 / 有。→ _____

5. 不矮 / 她 / 也 / 不高。→ _____

**5** Fill in the blanks with the question words in the box.

| 几 | 多大 | 怎么 | 什么 | 哪 | 哪儿 |

1. 你家有 _____ 口人?　4. 你喜欢 _____ 颜色?

2. 你是 _____ 国人?　5. 你哥哥今年 _____ 了?

3. 你长 _____ 样?　6. 你爸爸每天 _____ 上班?

**6** Find the opposite words in the box.

| 小 | 短 |
| 矮 | 白 |
| 下 | 晚 |

1. 大 → _____　4. 高 → _____

2. 长 → _____　5. 黑 → _____

3. 上 → _____　6. 早 → _____

**7** Translate from Chinese to English.

1. 他长得不高也不矮。 _____

2. 爸爸每天穿衬衫和长裤上班。

_____

3. 姐姐有黑色的长发。 _____

4. 妹妹喜欢穿粉红色的裙子。 _____

**8** Write the correct sentences.

1. 他坐校车上学每天。 → _____

2. 他起床六点半早上。 → _____

3. 我上学坐校车。 → _____

4. 爸爸坐开车上班。 → _____

5. 我的生日是八号十月。 → _____

**9** Match the question with the answer.

| 1 | 你妈妈长什么样？ | a) 蓝色和红色。 |
| 2 | 你喜欢什么颜色？ | b) 穿。 |
| 3 | 你每天穿校服上学吗？ | c) 她有大眼睛和短头发。 |
| 4 | 你喜欢穿什么衣服？ | d) 汗衫和短裤。 |

## 10 Translate from English to Chinese.

1. I like yellow and green colours.

   _____

2. My mother wears a shirt and skirt to work every day.

   _____

3. I do not like my school uniform.

   _____

4. My dad drives to work every day.

   _____

5. He goes to work at eight in the morning.

   _____

## 11 Choose two people, and then describe them in Chinese.

_____

_____

_____

# Vocabulary 词汇表

## A

| | | | |
|---|---|---|---|
| ǎi | 矮 | short (in height) | 15 |

## B

| | | | |
|---|---|---|---|
| bā | 八 | eight | 2 |
| bā | 巴 | cheek | 15 |
| bà | 爸 | dad; father | 7 |
| bàba | 爸爸 | dad; father | 7 |
| bái | 白 | white | 13 |
| báisè | 白色 | white | 13 |
| bān | 班 | shift | 12 |
| bàn | 半 | half | 8 |
| běijīng | 北京 | Beijing | 6 |
| bí | 鼻 | nose | 15 |
| bízi | 鼻子 | nose | 15 |
| biǎo | 表 | watch | 10 |
| bù | 不 | not; no | 8 |

## C

| | | | |
|---|---|---|---|
| chà | 差 | fall short of | 10 |
| cháng | 长 | long | 14 |
| chángkù | 长裤 | trousers | 14 |
| chē | 车 | vehicle | 12 |
| chèn | 衬 | lining | 14 |
| chènshān | 衬衫 | shirt | 14 |
| chéng | 橙 | orange | 13 |
| chéngsè | 橙色 | orange colour | 13 |
| chī | 吃 | eat | 11 |
| chū | 出 | go or come out | 5 |
| chūshēng | 出生 | be born | 5 |

| | | | |
|---|---|---|---|
| chūzū | 出租 | rent | 12 |
| chūzū chē | 出租车 | taxi | 12 |
| chuān | 穿 | wear | 14 |
| chuáng | 床 | bed | 11 |

## D

| | | | |
|---|---|---|---|
| dà | 大 | big | 3 |
| de | 的 | of; 's | 5 |
| de | 得 | particle | 15 |
| dì | 地 | ground | 12 |
| dìtiě | 地铁 | subway | 12 |
| dì | 弟 | younger brother | 7 |
| dìdi | 弟弟 | younger brother | 7 |
| diǎn | 点 | o' clock | 10 |
| diàn | 电 | electricity | 6 |
| diànhuà | 电话 | telephone | 6 |
| dú | 独 | single; only | 9 |
| dúshēngnǚ | 独生女 | only daughter | 9 |
| dúshēngzǐ | 独生子 | only son | 9 |
| duǎn | 短 | short (in length) | 14 |
| duǎnkù | 短裤 | shorts | 14 |
| duō | 多 | many; much | 5 |
| duō dà | 多大 | how old | 5 |
| duōshao | 多少 | how many; how much | 6 |
| duǒ | 朵 | clouds; measure word | 15 |

## E

| | | | |
|---|---|---|---|
| ér | 儿 | suffix | 6 |
| ěr | 耳 | ear | 15 |
| ěrduo | 耳朵 | ear | 15 |
| èr | 二 | two | 2 |

## S

| | | | |
|---|---|---|---|
| sān | 三 | three | 2 |
| sè | 色 | colour | 13 |
| shān | 衫 | unlined upper garment | 14 |
| shāng | 商 | business | 9 |
| shāng rén | 商人 | businessman | 9 |
| shàng | 上 | up; go to; get on | 8 |
| shàngbān | 上班 | go to work | 12 |
| shànghǎi | 上海 | Shanghai | 9 |
| shàngkè | 上课 | attend class | 11 |
| shàngwǔ | 上午 | before noon; morning | 11 |
| shàngxué | 上学 | go to school; attend school | 11 |
| shǎo | 少 | few; little | 6 |
| shénme | 什么 | what | 3 |
| shēng | 生 | be born; student | 3 |
| shēngrì | 生日 | birthday | 5 |
| shī | 师 | teacher; master | 9 |
| shí | 十 | ten | 2 |
| shídiǎn | 十点 | ten o?clock | 10 |
| shì | 是 | be | 4 |
| shǒu | 手 | hand | 15 |
| shū | 书 | book | 9 |
| shuí | 谁 | who | 7 |
| shuì | 睡 | sleep | 11 |
| shuìjiào | 睡觉 | sleep | 11 |
| sì | 四 | four | 2 |
| suì | 岁 | year (of age) | 5 |

## T

| | | | |
|---|---|---|---|
| tā | 他 | he; him | 5 |
| tā | 她 | she; her | 5 |
| tào | 套 | cover | 14 |
| tiān | 天 | the sky; day | 4 |
| tiě | 铁 | iron | 12 |
| tóu | 头 | head | 15 |
| tóufa | 头发 | hair | 15 |
| tuǐ | 腿 | leg | 15 |

## W

| | | | |
|---|---|---|---|
| wài | 外 | outer | 14 |
| wàitào | 外套 | coat | 14 |
| wǎn | 晚 | evening; late | 11 |
| wǎnshang | 晚上 | (in the) evening | 11 |
| wáng | 王 | king; a surname | 5 |
| wén | 文 | culture; civilization | 5 |
| wǒ | 我 | I; me | 3 |
| wǒmen | 我们 | we; us | 9 |
| wǔ | 五 | five | 2 |
| wǔfēn | 五分 | five minutes | 10 |
| wǔ | 午 | noon | 11 |

## X

| | | | |
|---|---|---|---|
| xǐ | 喜 | happy; like | 13 |
| xǐhuan | 喜欢 | like | 13 |
| xià | 下 | down; get off | 11 |
| xiàwǔ | 下午 | afternoon | 11 |
| xiàn | 现 | present | 10 |
| xiànzài | 现在 | now | 10 |
| xiāng gǎng | 香港 | Hong Kong | 8 |
| xiǎo | 小 | small | 3 |
| xiǎoxuéshēng | 小学生 | primary school student | 8 |
| xiào | 校 | school | 12 |
| xiàochē | 校车 | school bus | 12 |
| xiàofú | 校服 | school uniform | 14 |